기억 수거함

기억 수거함

김현옥 수필집

육일문화사

| 작가의 말 |

  곁에 오래 머물렀던 글들이 채비를 끝내고 길을 나선다. 보내는 마음이 여간 복잡하지 않지만 이제 어쩌랴! 꼭 하고 싶었던 일이었으니. 설익은 열매를 수확해 내놓는 마음이다. 다음에 또 책을 낸다면 좀 더 잘할 수 있을 거라 말하고 싶지만 밥 한번 먹자는 말처럼 무책임한 것 같아 그만둔다.
  살면서 얼마나 많은 말들을 쏟아냈는지, 그에 비교하면 이 책은 얼마나 왜소한지. 한 자 한 자 또박또박 써내려가듯 말도 신중해야 한다는 것을 책을 내면서 생각한다.
  오래되어 먼지를 뒤집어쓴 상자의 뚜껑을 여니 과거의 사람들과 내가 한데 섞여 뒤죽박죽인 채로 박제가 되어 있다. 정리가 필요하다. 깨워서 버릴 건 과감하게 버리고 그리워할 건 좀 남겨둔다. 다 털고 아무것도 없으면 무엇으로 양식을 삼나. 꺼내어 글로 적어내니 조금 부끄럽고 조금 후련하다.

그리운 것들도 언젠가는 희미하게 사라지겠지. 오래되어 낡은 상자 속을 들여다봐도 아무것 없을 때 나는 가볍게 훨훨 날아갈 수 있으려나.

쌍둥이를 키우는 바쁜 중에 짬짬이 글을 읽고 삽화를 그려 준 딸 지영이 고맙다. 함께 공부하며 아낌없이 조언을 해 주신 모든 분께 진심을 담아 감사의 마음을 전한다.

2024년 늦은 가을, 책읽기 좋은 계절에

김현옥

| 차례 |

1부

13 • 나도 꽃
16 • 지금, 꿈꾸는 중
21 • 원더풀 라이프
26 • 한 말씀만 하소서
30 • 안녕, 유령
35 • 부엉이 날다
40 • 먼 길
42 • 우렁각시 할망
47 • 내 저리 될 줄 알았다
49 • 꽃차

2부

루루예찬 • 55
풍경 • 60
링거 원 샷 • 65
치유의 등 • 68
그냥 넘어가도 될 일을 • 73
마음, 장례하다 • 75
기억 속에 우뚝 선 은행나무 • 78
자유를 찾아 날다 • 80
언제나 지각 • 85
후불로 받다 • 89
당첨되다 • 92

3부

 99 • 위대한 침묵
104 • 기억 수거함
108 • 당신 근처
113 • 내게는 소중한
116 • 모를 일
121 • 오래된 목구멍의 가시
125 • 쓸쓸한 이야기
130 • 미안해야 하나
132 • 덕용이 양말
136 • 말 없는 것들에 대한 생각
140 • 관계와 간계

4부

아, 인도 • 149

■ 평설 / 171
김현옥 수필에 나타난 삶의 역설과 반어법의 진실
박희선(수필가, 문학평론가, 우하 박문하문학상 운영위원장)

기억 수거함

1부

나도 꽃
지금, 꿈꾸는 중
원더풀 라이프
한 말씀만 하소서
안녕, 유령
부엉이 날다
먼 길
우렁각시 할망
내 저리 될 줄 알았다
꽃차

나도 꽃

점심시간이면 포크댄스를 했다. 빳빳하게 풀 먹인 흰 칼라의 잘록한 교복 윗도리와 플레어스커트를 펄럭이며 경쾌하게 춤을 추었다. 3학년 언니들을 제외한 1, 2학년 전교생이 점심을 먹은 후 운동장에서 춤을 춘다. 감미로운 선율에 맞춰 빙글빙글 돌다 양손으로 치마를 살짝 들어 인사를 한다. 때로는 남자가 되어 아슬아슬 어깨를 스쳐가며 파트너를 바꾸는 동작이 재미있었다. 바라보던 남학생들은 이미 담을 넘어와 우리와 함께 춤을 추는 상상을 했는지 모른다.

남자 고등학생들은 담 너머에 여자 고등학교가 있어서 즐거웠을 것이다. "춘자야!" 이름을 부르며 낄낄 웃는 머시마들도 있었다. 내 짝지는 포크댄스를 하는 동안 머시마들을 흘끔 흘끔 보았지만 대부분의 우리는 크게 콧방귀를 뀌었고 높이 더 높이 고개를 치켜들며 대상 없는 누군가에게 도도했다.

한낮의 고요한 연꽃 밭에 하얀색과 연분홍색 꽃들이 미동도 없이 하늘을 응시하고 있다. 내가 알지 못하는 그들만의 언어를 하늘에 보내고 있는 것 같다. 어쩌면 오늘밤 인적이 끊어지면 연꽃들은 한바탕 춤사위를 할지 모른다. 별빛 달빛 장단에 맞춰 한여름 밤의 축제가 열리면 누워있던 갈대들이 하나둘 일어나 우우, 구경을 할 것이다. 아담한 연꽃 밭 가까이 일렬로 서있던 갈대 무리는 담에 기대어 히죽대던 머시마들 같았다.

선녀처럼 춤을 추다 스러진 꽃들은 새벽이슬을 털며 눈을 뜨고 밤새 구경하다 지친 갈대는 아침 햇살을 받으며 서로 몸을 기대어 쉬겠지.

'꽃일 때 창공을 훨훨 날게나.' 빙긋이 웃고 있던 담임 선생님의 마음이 이제야 읽힌다. 환호하며 구경하던 머시마들이 있어 우리의 춤은 더 신났을 것이다. 담 위에 앉아 구경하다 우리 쪽 운동장으로 떨어져 전교생의 웃음거리가 된 머시마, 혼비백산 도망갔던 남학생은 그날을 기억이나 할까.

그때는 나도 꽃이었다.

지금, 꿈꾸는 중

 잠은 우주보다 깊었다. 끝이 없는 아래로 곤두박질하는 아득함. 살아있는 동안 딱 한 번 맛볼 수 있는 깊고 깊은 잠이라고밖에는 표현할 길이 없다. 내 몸은 아직도 기억한다. 그날의 잠을.
 맨발로 모래 위를 걸을 때나 한여름의 백사장을 지나갈 때는 몸이 먼저 기억한다. 영화의 명장면을 다시 보기 위해 화면을 앞으로 돌리듯 그날의 잠에 초점을 맞추고 수백 번도 더 일시정지 버튼을 누른다. 그 아찔함 속으로 들어가고 싶어 안달이다.
 중학생이었을 때 큰언니네 가족과 동해의 어느 바다로 피서를 갔다. 텐트가 드문드문 서있는 한적한 곳에 자리를 잡고 신나게 물놀이를 하고 나왔다. 모래사장에는 온몸을 모래로 덮고 얼굴만 내놓은 사람들과 누군가의 몸을 모래로 덮는 사람들이 있었다. 여기저기 유행처럼 사람들이 하나둘 묻히기 시작했다. 한여름 뜨겁게 달아오른 모래밭에 이상한 모양의 무덤들이 생겼다. 온몸을 모래에 묻고 얼굴만 내놓은 무덤들이 여기저기 만들어지고 있었다. 눈을 감은 얼굴들은 비석보다 현실적이고 사실적이었다. 두려운 마음이 들었지만 호기심이 발동했다.

 언니와 조카들은 나를 눕게 하고 모래를 덮기 시작했다. 몸을 덮는 모래가 점점 커지고 무거워질수록 두려운 마음은 안도감과 편안함으로 바뀌어갔다. 조카들의 웃음소리와 어른들의 얘기 소리가 두런두런 들리는 중에 스르르 잠이 들었다.

 누군가 내 귀에 대고 일어나라고 했다. 잠에서 깨어났을 때 도대체 여기가 어디며 나는 누구인지 몰랐다. 부스스 일어나 바라본 사람들은 눈에 익어 익숙한 얼굴인데도 낯설었다. 머릿속은 유리처럼 투명하고 먼지처럼 가벼웠다. 몸의 내장은 깡그리 비워져 두 팔을 저으면 날 수 있을 것 같았다. 상쾌하다는 말로 표현하기는 턱없이 부족했다.

 십 분 정도라고 했다. 내가 잠든 시간이 십 분이라고? 써프

라이즈다. 우주에서 나를 데려갔다가 다시 갖다 놓은 것일까. 어쩌면 지구 밖 어느 곳에서 수년을 살다 돌아온 것 일게다. 알 수 없는 공기를 쐬고 왔다. 눈물이 쏟아질 만큼 외롭기도, 전쟁터에서 귀향한 군인처럼 안심이 되기도 한 묘한 기분이었다. 텐트 안에 둘러앉아 밥을 먹으며 가족이라는 사람들을 쭉 둘러보았다. 쌈박질만 했던 언니 오빠들이 얼마나 반갑던지 아무도 모르게 훌쩍거렸다.

그날 밤 텐트에 누워 모래 속에서의 깊은 잠을 생각하고 또 생각했다. 밤새 철썩대는 파도는 무언가를 알고 있을 것 같았다. 다음 날에도 모래사장 여기저기에는 똑같은 모양의 모래 무덤이 세워졌다. 저 사람들도 어딘가를 다녀왔을까. 막연한 그리움에 몸살을 앓았다. 그리고 혼자 있는 것을 좋아하는 사춘기 소녀가 되었다.

'소녀는 하늘이 좋습니다.' 어쩌고 시를 적었다. 그러다 잠이 든 날도 있다. 깜짝 놀라 일어나 시계를 보니 여덟 시였다. 학교에 늦었다며 교복을 입고 뛰어나가는 나를 식구들이 의아스럽게 바라보았다. 저녁 여덟시였다.

등굣길, 만원버스에서 책가방이 바뀌었다. 그 시절에는 자리에 앉은 학생이 서 있는 학생들의 무거운 가방을 받아 제 무릎에 쌓아놓았다. 딴 생각을 하고 서 있다 급히 들고 내렸을 것이다. 교실에 와서야 가방이 바뀐 것을 알았다.

가방 주인을 찾아 낯선 학교에 갔다. 내가 먼저 버스에서 내렸으니 순전히 내 실수다. 뺏듯이 가방을 낚아채며 째려보던 여학생의 얼굴은 벌겋게 상기되어 있었다. 물론 내 가방은 복도 바닥에 패대기를 쳤다.

정성스럽게 싸 준 엄마의 도시락 반찬이 뒤죽박죽 섞여있다. 점심을 먹으려다가 혼자 중얼거린다. '누가 내 책가방을 바꿔 가면 재밌을 거 같은데….' 여학생은 나와 버스에서 마주치면 고개를 돌렸다. 가방을 집어던진 일이 미안했는지 또 바꿔갈까 걱정이 되어서인지는 모르겠다. 혼돈의 시간이 그렇게 흘러갔다.

수년 전 비행기 안에서 노을을 본 적이 있다. 비행기는 노을이 가는 곳을 줄곧 쫓아갔다. 길고 긴 시간 동안 불타는 하늘 속에 머물렀다. 창 쪽에 앉았던 나는 믿을 수 없는 그 광경에 넋을 놓았다. 시간이 멈추었다.

노을을 벗어난 후 비로소 정신을 차렸을 때 아주 먼 곳에 다녀온 것 같았다. 잠들어 있는 옆 좌석의 친구가 낯설었다. 신비한 우주의 유희에 두 번이나 초대받았다. 값으로 따질 수 없는 선물이다. 온몸으로 받아들인 선물은 어쩌다 꺼내놓고 보아도 빛이 난다. 감동은 변함이 없다.

지금도 초저녁 산책길에서 노을을 만나면 바위처럼 우뚝 선다. 몸을 빠져나간 영혼이 노을의 심장부에서 훨훨 날던 자유를 한 번 더 누려보고 싶어서다. 내 혼은 몸을 빠져나갈 준비가 되어 있다.

"아줌마, 좀 비키주이소."

산책로를 막고 서있던 몸을 비켜준다. 눈은 감은 채로다.

어쩌면 나는 지금 한여름의 어느 모래사장에서 얼굴만 내놓고 잠이 든 건지 모른다. 기나긴 이 삶이 단 십 분 동안 꾸는 꿈이라면.

"무슨 잠을 그리 깊이 자니?"

누군가의 목소리를 듣고 부스스 일어난다면. '아, 얼마나 반가울까 엄마⋯.' 그것마저 꿈이라면 끝은 어디일까. 러시아의 인형이 생각난다. 마트료시카.

원더풀 라이프

잊히지 않는 영화가 있다. 폐교가 된 학교 건물에 종이 울리고 어제 죽은 사람들의 영혼이 하나둘 모인다. 초겨울의 낙엽이 쌓여있는 뒤뜰에 페인트가 벗겨진 벤치가 외롭다. 고요한 운동장에 눈이 쌓이고 일주일을 지낸 영혼들은 천국으로 올라간다. 하늘에서 내려오는 눈과 지상에서 올라가는 사람들이 자리를 바꾼다. 그들이 두고 간 기억을 하얗게 덮어버리는 눈은 임무를 수행하는 노련한 병사 같다.

보얀 먼지가 가만가만 복도를 배회하는 조용한 교실에서 직원은 영혼들을 면담한다. 살아있는 동안 가장 소중했던 순간을 기억하고 선택해야 한다. 그들은 기분 좋은 얼굴로 고민

하고 기억을 더듬는다. 직원들은 그 순간을 무대로 만들어 영상을 찍는다. 일주일 동안 해야 하는 숙제다. 영혼들은 영상을 보며 단 하나의 기억을 가지고 천국으로 간다.

빈 운동장의 적막한 공기에 종소리가 스며든다. 뎅그렁 뎅, 천국에서 내려온 사다리가 바람에 흔들리며 제 몸을 부딪쳐 내는 소리 같다. 영화는 누군가 내 귀 가까이 대고 소곤소곤 이야기하는 것처럼 잔잔하고, 듣는 동안 딴 생각을 할 수 없을 만큼 흥미로웠다. 그들이 기억하는 행복한 시간은 짧고도 소소하다.

일흔의 할머니는 예닐곱 살 때 빨간 구두를 신고 사람들 앞에서 춤추던 때를 이야기한다. 춤을 추고 나면 치킨라이스를 먹을 수 있었고 오빠 친구들이 아이스크림을 사 주기도 했다. 그게 좋았다. 할머니는 그때를 떠올리며 함박 웃었다.

오십 대 중년 남자는 기차 통학을 하던 중학교 시절을 떠올린다. 창을 통해 들어오는 시원한 바람이 땀을 씻어준다. 기관사 바로 뒷자리에 앉아야만 누릴 수 있는 특권이다. 온몸으로 바람을 맞던 기분을 이야기하는 그의 얼굴이 시원하고 서큰서큰하다.

쓸쓸하게 웃던 또 다른 중년 남자는 다섯 살 때 잡동사니를 안고 벽장에 숨어있던 기억을 선택한다. 이 세상에서의 모든 기억을 다 잊을 수 있다면 그곳이 천국이라고 말한다.

"죽음을 맞이할 때는 행복했습니까."

나는 그렇게 질문하고 싶었다.

살아생전 바람둥이였던 할아버지는 어떤 여자와 사랑할 때가 가장 좋았는지 기억을 몇 번이나 바꾸는 바람에 직원이 고생을 한다. 그러나 마지막에 그가 선택한 순간은 딸의 결혼식 날이다. 이곳에서 보내는 마지막 날에도 빨간 구두 할머니를 흘끔흘끔 곁눈질한다. 죽어서도 버리지 못하는 습성이다. 왠지 쓸쓸하기도 진지하기도 한 영화에서 바람둥이 할아버지는 맛깔스런 역할을 기꺼이 했다.

직원들은 이승에서 행복했던 한때를 선택하지 못한 영혼들이다. 두고 온 가족의 기억을 잃고 싶지 않아 머물고 있는 젊은 아빠도 있다. 일 년에 한 번, 추석이 되어야 가족을 볼 수 있다. 딸의 성인식 날에 모든 기억을 놓고 하늘로 갈 거라 한다. 아이는 이제 세 살인데 앞으로 십칠 년을 이곳에서 지내야 한다. '원더풀 라이프', 일본 영화다.

다섯 살 되던 크리스마스에 투명하고 빳빳한 비닐종이에 싼 사탕을 선물 받았다. 아버지는 나를 번쩍 들어 안아 "짠!" 하며 뒷주머니에 감춘 사탕 봉지를 꺼내 주었다. 빠드득 소리가 나는 포장지에 싸인 초록, 빨강, 노랑의 사탕은 하얀 가루가 발려있었다. 아버지를 생각하면 이 풍경이 떠오른다. 행복하고 소중한 기억이다.

비 온 다음 날 동네 친구들과 바깥놀이를 했다. 물웅덩이를 밟으면 지구 밖으로 떨어져 죽는다고 정하고 필사적으로 웅덩이를 피해 뛰어다녔다. 꺅꺅, 소리를 지르며 서로를 붙잡아주고 밀기도 하며 놀았다. 안전지대인 마른 땅에 섰을 때의 짧은 전율과 안도감은 행운과 행복을 섞어놓은 감정이었다.

대학 입시가 끝난 날 저녁, 담배 연기 자욱한 다방에 갔다. 시험이 끝나면 맨 처음 가보고 싶은 곳이었다. 남포동 번화가의 이층 건물에 자리한 곳이다. 좁은 계단을 오르는 친구의 어깨에는 힘이 들어가고 긴장한 나는 목이 뻣뻣했다. 커다란 배가 망망대해를 향해 나팔을 불고 주인공인 우리는 승선 지점에 서 있는 것 같았다. 전쟁이 끝나고 포로 생활을 마친 병사의 기쁨이 이와 맞갖을까.

우유를 먹고 잠이 든 아기의 앙증스러운 몸을 안아 토닥토닥 트림 시킬 때, 잠든 아이의 작은 숨소리가 내 가슴을 지나서 온몸으로 퍼질 때, 엄마라서 행복했던 순간들은 또 얼마나 많았는지.

영화는 자잘한 순간을 보게 한다. 스쳐 지나는 아름다운 풍경들을 자세히 보라 한다. 아픈 순간에도 즐거움이 스며있는 것을 알게 한다. 둥근 달은 지구에 가려 매번 다르게 보이지만 실은 언제나 똑같이 둥글다. 눈에 보이지 않아도 존재하는 것을 매순간 느끼라고 메시지를 준다.

  나는 지금 행복하다. 따뜻한 찻잔을 들 때, 글을 쓸 때, 아이들 전화를 받을 때, 재미있는 영화를 볼 때의 소소한 즐거움이 소중하고 행복하다는 것을 이제는 안다.

  한 순간만을 선택해야 하는 것은 어렵다. 피할 수 있다면 오래된 저 폐교에는 가지 않을 것이다. 그러나 반드시 거쳐야만 하는 통로라면, 나는 죽은 이들의 영혼을 관리하는 직원쯤 될 것 같다.

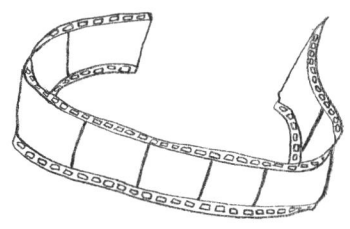

한 말씀만 하소서

● 너냐

그 말이 듣고 싶었다. 눈을 감고 누워있는 엄마에게 한마디만 해 달라고 사정했다. 전화를 걸면 수화기를 타고 넘어오던 부드러운 목소리가 듣고 싶었다. 갑작스런 비보에 서울까지 가는 차 안에서도 그랬다. 엄마 목소리가 듣고 싶어 안달이 날 지경이었다.

중환자실의 싸늘한 침대에 누워있는 엄마를 흔들며 떼를 썼다. 엄마의 눈에서 굵은 눈물방울이 흘렀다. 이제 곧 떠날 사람에게 편히 가시리고 해야 할 터인데 죽자고 한마디만 하라고 했으니 얼마나 속이 탔을까. 쓰러져 하루를 못 버텼으니 하고 싶은 말은 또 얼마나 많았을까.

울다 깜빡 잠이 들었고 몸이 노곤해질 만큼 따뜻한 느낌에 잠이 깼다. 그 시간에 엄마는 떠났다. 이제 막 육신을 빠져나온 영혼이 마지막으로 마음을 다해 안아주고 떠났다는 걸 안다.

오랜 시간이 지나도 여전히 귓전에 맴도는 한마디, 기억 속에 간직했던 말, 부드러운 바람에 실려 올 것만 같아 눈을 감고 귀 기울여본다.

"너냐."

● 음따

"할 말 엄능교."
어머님은 마지막 가시는 아버님께 물었다. 가난한 집에 시집와서 고생 많았다거나 그동안 수고했다는 말을 듣고 싶었을 것이다. '고생시러바도 내는 좋았소.' 대답을 미리 준비했을지도 모른다.
"음따."
찰떡같은 물음에 구멍 숭숭 뚫린 보리떡 같은 대답이다. 어머님은 남편의 마지막 말이 상처로 남았다.
아버님의 산소 옆에 어머님의 가묘가 있다. 명절 아침, 차례를 지내고 산소에 가면 당신이 누울 자리를 편안한 얼굴로 바라보셨다. 말본새 없는 영감이라도 옆에 누우면 적적하지 않을 거라 생각하셨을까.
"이기 내 영감인지 저기 내 영감인지 헷갈렸다 아이가."
시집와서도 환할 때는 부끄러워 얼굴을 못 보고 밤이 되어 한방에 누워서는 어두워서 보지 못했다. 새색시 때 밥상을 들고 방에 들어갔는데 시동생과 남편이 나란히 앉아있었다. 누가 내 영감이고 누가 시동생인지 모르겠더란다. 어머님의 입담은 찰지고 맛났다.

세월이 흘러 이제 어머님도 길을 잃었다. 왔던 길을 잊고 가야 할 길은 모른 채 요양병원의 초라한 침대에 누워 천장만 바라본다.

"집에 갈란다."

이 말씀만 잊지 않는다. 칠십여 년 산 시골집은 이승의 고향이다. 떼어놓을 수 없는 몸의 한 부분이다.

시골집 마당은 언제나 깨끗했다. 헛간에는 일을 마치고 돌아온 낫, 호미, 쟁기, 가래, 곡괭이가 나란히 줄을 서서 졸고 있었다. 모두 아버님의 손길이 간 것들이다.

과묵이 미덕이라 믿었던 아버님, 어머님에게 남길 마지막 말씀이 왜 없었겠냐마는 자식들 보는 앞이라 그랬을 것이다. '남사시럽구로….' 생각하셨을 거다.

이제 기억을 잃고 병중에 계신 어머님, 구차한 몸을 훌훌 털고 가실 때 아버님의 마중을 받아 듣고 싶었던 한 말씀을 꼭 들으시길.

"임자, 고생 많았소."

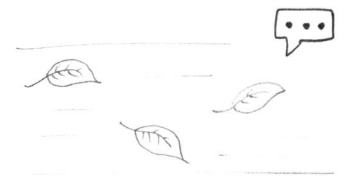

안녕, 유령

 오세요, 오세요, 어서 오세요. 요괴인간 뱀, 베라, 베로는 두 팔을 뻗어 사람들에게 손짓을 했다. 유혹의 손길에 이끌려 자신도 모르는 사이에 공터로 들어간 사람들은 요괴인간이 된다.
 놀이터 겸 으스스한 공터에 밤이 오면 요괴인간이 나타나 지나가는 사람들을 유혹한다. 술에 취한 남자들은 어김없이 그곳으로 들어가 버린다. 그들은 인간이 되기 위해 사람들을 요괴로 만들지만 가책을 느끼며 갈등하는 양심 있는 귀신들이다.
 만화방의 가장 잘 보이는 선반에 '요괴인간 뱀 베라 베로'

가 있었다. 손때가 묻어 책표지가 너덜너덜한 만화책은 초등학생인 나를 유혹했다. 다시는 빌려오지 않을 거라 다짐을 하고도 만화방에 들어가면 다음이야기가 궁금하다. 금지된 일을 시도하듯 죄책감마저 느끼며 책을 빌려 안고 집으로 온다. '오세요, 오세요, 어서 오세요.' 그 주문은 또 얼마나 무서웠는지.

오빠에게 들었던 귀신 이야기는 무섭지만 스릴이 있어 밤새 오줌을 참아야 하는 희생을 감수하고라도 듣고 만다. 귀를 막으면서도 악착스럽게 들었던 이유는 무서운 그 너머에 정체 모를 마력이 깔려 있었기 때문이다. 예나 지금이나 변함없이 흥미로운 건 귀신 이야기다.

'렉싱턴의 유령', 무라카미 하루키의 단편소설이다. 그가 겪은 유령 이야기는 무섭지 않다. 실제 있었던 일이라고 작가는 첫 장에 기록했다. 책을 덮으며 고개를 끄덕인다. 그런 경험이라면 나도 한 번쯤 해보고 싶다는 생각마저 들었다.

지은 지 백 년도 넘었을 성싶은 대저택에서 일어난 일이다. 작가가 이 년 동안 미국에 머물며 소설을 쓰고 있을 때 그를 좋아하는 독자를 만난다. 재즈를 좋아하는 하루키는 재즈레코드판이 어마어마하게 많은 독자의 집을 방문했다. 렉싱턴에 살고 있는 그와 재즈를 듣고 포도주를 마시며 둘은 친한 사이가 된다.

　독자가 런던으로 출장을 가게 되고 가족과 다름없는 대형 마스티프 견에게 밥을 챙겨 줄 사람이 없다며 일주일 동안 그곳에서 지내주길 부탁한다. 흔쾌히 허락한 하루키는 몇 가지 짐을 가지고 와 저택에 혼자 머물게 된다. 나는 이 대목에서 침을 꼴깍 삼켰다.

　거실 옆 음악실에는 레코드판 수천 장이 있다. 그 레코드판은 돌아가신 독자의 아버지 것이었다. 아버지가 돌아가신 후로 음악실의 가구는 마치 신전이나 성유물 안치소처럼 손대지 않고 그대로 둔 듯했다. 시간의 흐름이 정체된 듯한 방에는 시계마저도 움직임을 멈추고 있는 것 같았다. 돌아가신 아버지가 사랑한 레코드판은 다락방의 카툰박스에도 담겨있다. 작가는 말한다.

　"머지않아 이 집도 레코드판 무게 때문에 뿌지직뿌지직 땅속으로 가라앉을지도 모르겠다."

　첫날 밤에 하루키는 이상한 소리를 듣고 잠에서 깬다. 새벽 1시 15분이었다. 해안에 부딪히는 파도 소리 같은 자글거림, 그 소리가 깊은 잠에 빠져있는 그를 일어나게 했다. 이 집에 누군가가 있다는 걸 직감한다. 겨드랑이 밑으로 식은땀이 줄줄 흐른다.

복도로 나오자 계단 아래서 흥겨운 음악이 증기처럼 복도로 피어오르고 있었다. 음악실과 나란히 자리한 거실에는 환하게 불이 켜져 있었다. 많은 사람의 소리는 하나로 뒤섞여 있어 내용을 알아들을 수는 없지만 가벼운 웃음소리와 함께 파티가 열리고 있는 소리였다. 차츰 시간이 지나고 하루키는 처음 느꼈던 두려움이나 충격에서 벗어난다. 연못에 인 파문이 가라앉는 듯 점차 진정이 되었고 현관홀의 의자에 앉아 사람들의 애기 소리와 춤을 추는 듯 경쾌한 발소리, 음악 소리를 듣고 있다가 방으로 올라온다. 감히 들여다 볼 수 없었다. 나였으면 어쨌을까.

그가 머문 첫날, 단 한 번의 파티였다. 이후로는 아무 일도 없이 조용히 시간이 지나갔다. 일주일간의 출장을 마치고 돌아온 집주인에게는 그 일을 발설하지 않았다. 집주인은 알고 있지 않았을까. 어쩌면 그날이 유령들의 정모였을지도 모른다.

레코드의 주인이었던 망자는 죽어서도 그곳을 떠나지 못했다. 분신처럼 아꼈던 레코드가 그대로 있고 파란 언치새들이 날아와 이 가지 저 가지를 옮겨 다니며 노래하는 숲이 있는 대저택을 떠날 수 없었다. 그래서 먼저 죽은 아내와 지인들을 불러 파티를 열었음이 분명하다고, 나는 책을 읽는 동안 그렇게 믿었다. 망자의 세계도 그리 음습하지 않다는 것을 대작가인 하루키에게 보여준 것일까. '우리의 세계도 밝고 유쾌하다. 그러니 글 잘 쓰는 네가 우리의 세계를 알려 달라.'는 메시지였을까. 아무튼 렉싱턴의 유령은 귀신들의 세계에 대한 나의 선입견을 바꿔놓았다.

나도, 내가 사랑하는 사람들도 언젠가는 반드시 귀신의 세계에 입문한다. 우리가 주인공이 될 곳이다. 머리를 풀어헤치고 원한 서린 얼굴을 한 망자들이 사는 곳이 아니길 바란다. 밝고 고급스런 장소에서 멋진 사람들과 파티를 열고 음악에 맞춰 가볍게 스텝을 밟는 유쾌한 유령. 나는 지금 상상만으로도 아주 행복하다.

그래서 오늘은 먼저 가신 분들에게 미소를 지으며 안부를 묻는다. 그곳에서 안녕들 하신지. 씩, 웃으며 화답하는 그분들의 표정이 무척이나 밝다.

부엉이 날다

 부엉이 몇 마리가 오송송 모여 있다. 꼬박 졸고 있는 주인 대신 가게를 지키는 모양이다. 가게 안으로 들어가면 '주인님, 손님 왔어요.' 호들갑을 떨 것 같다. 큰 눈을 높이 치켜뜨고 밖을 보고 있다. 문을 톡톡 두드리니 부스스 잠을 깬 친구가 반색을 한다.
 "점심을 먹고 나면 이리 졸음이 쏟아져."
 방싯 웃는 친구의 윗입술에 갈치의 은비늘이 묻어 있다.
 아무래도 좀 비밀스런 얘기는 못할 것 같다. 부엉이는 우리 이야기에 잔뜩 귀를 기울이면서 안 듣는 척 먼 곳을 바라본다. 커다란 가방에 그려진 붉은 부엉이가 푸드득 튀어나올 것 같다. 부엉이 모양 열쇠고리가 날개를 움직이며 날아오를 것도 같다. 부를 가져다준다는 새라서 선물용으로 사 가기도 하고 가게에 두면 재수가 있다 해서 갖다 놓았다고 친구가 말한다.

친구의 조그만 가게는 재래시장 맞은편에 있다. 내리막길의 끄트머리 나지막한 도로변 가에 올망졸망 난전이 펴진다. 오후 시간에 그곳에 앉아 유리 너머 풍경을 보는 일은 무성영화를 보는 것만큼 흥미롭다. 사람들은 색 바랜 소쿠리에 나누어 담은 할머니의 푸성귀를 뒤적거리다 가격을 묻고 그냥 가버린다. 눈을 하얗게 흘기며 구시렁대는 할머니의 목소리가 들리는 것 같다.

갑자기 하늘이 흐려지더니 우르릉, 쾅 천둥소리가 요란하다. '10,000원, 반품 불가' 이름표를 달고 가게 앞을 지키는 옷들이 위태롭다. 서둘러 행거를 안으로 들여놓자 굵은 빗방울이 쏟아진다. 또 한 번 천둥이 치니 빗줄기는 아스팔트를 뚫을 기세다. 문을 꼭꼭 닫고 몸을 움츠리고 앉았다.

순식간에 가게 앞 도로에 물이 넘쳐났다. 윗동네에서 빗물이 콸콸 쏟아져 내려오면 속수무책이다. 상인들이 이리저리 뛰어다닌다. 하수도의 물이 넘쳐 거꾸로 솟구친다. 바구니에 담아놓은 과일과 채소들이 흩어져 둥둥 떠다닌다. 젊은 상인한 사람이 바지를 걷고 떠내려가는 연근을 주워 담느라 허우적허우적 뛴다. 솟구치는 하수구 옆의 연근들이 하나둘 소쿠리에 건져진다.

티브이 영상을 보는 것 같았다. 지척에서 일어나는 일이 까마득히 먼 곳의 일처럼 보였다. 입을 다물지 못하는 사이 사건은 종료되었다. 퍼붓던 비는 금세 그치고 길가에 널브러진 채소며 과일들은 일어난 일이 사실임을 말하고 있었다. 속옷가게 주인아줌마가 들이닥쳐 방금 일어난 일에 대해 한바탕 수다를 떨다 가고 사람들은 다시 그 거리를 지나간다. 구정물에 헹구어진 연근이 아무 일도 없었던 듯 앙큼하게 제자리에 앉았다. 채소를 떠내려 보낸 할머니가 빈 소쿠리를 차곡차곡 쟁인다. 돌아앉은 할머니의 어깨가 이까짓 일은 그저 일상이라고 말하는 것 같다.

김장 때가 다가오면 오복이네 부식가게가 바빠진다. 가게 한편에는 간수를 뺀 소금 포대가 줄을 서고 옆으로는 튼실한 배추가 몇백 포기쯤 쌓인다. 바닷가에 사는 친정 언니가 담궈 준다는 멸치액젓은 세상에서 제일 맛있단다. 간수 뺀 소금에 배추를 절이고 언니네서 온 액젓으로 김장을 하면 달기까지 하다니, 이 말을 들은 아줌마들은 오복이네 배추로 김장을 해야 한다는 결심까지 한 모양이다.

아줌마가 바빠지기 시작하면 오복이는 찬밥 신세다. 눈이 부시게 예쁜 흰 털에 나팔꽃 색으로 두 귀를 염색한 오복이는 이 동네에서 제일 예쁘고 도도한 개로 유명하다. 매일 비슷한 시간에 날씬한 몸매와 잘 가꾼 털을 휘날리며 산책을 한다. 페인트집의 볼품없는 강아지가 평상 아래에 쪼그리고 앉아있다 슬금슬금 피하기까지 하니 오복이는 눈을 한껏 내리깔고 요요하게 그 곁을 지나간다.

주문 받은 김장배추를 절이느라 아줌마가 바빠지면 심심해진 오복이는 방구석에서 늙은 담요를 뒤집어쓰고 심드렁하니 누워있다. 하얀 털은 헝클어져 뒤죽박죽이다. '오복아.' 불러도 못 들은 척하니 오복이 엄마가 웃으며 말한다.

"삐지가 그란다. 놔두소. 바빠 죽겠구만 지랑 놀 시간이 오데 있노."

어둑어둑 어스름이 깔린 빈 거리가 쓸쓸하다. 굴곡의 세월을 몸으로 부딪쳐 살아온 난전의 사람들이 하루를 살아내고 집으로 돌아간 빈자리에 찬 바람이 슴슴히 지나간다. 오복이 엄마가 막걸리 두 병을 들고 가겟방으로 들어간다. 오복이가 좋아하는 소시지도 두 개 들어있겠다. 힘들었던 오늘 하루를 막걸리 두 병으로 보상받고 오복이는 소시지 두 개로 행복할 것이다.

갸뚱갸뚱 빈 수레가 어두워진 가게 앞을 지나간다. 폐지와 이런저런 재활용품을 넘겨주고 집으로 돌아가는 노인의 발걸음이 가볍다. 털모자에 달려있는 방울이 달랑달랑 춤을 추고 주름 깊은 볼에 함박웃음이 걸려있다.

시장의 풍경은 늘 그렇다. 친구도 슬슬 문 닫을 준비를 한다. 부엉이가 나를 바라본다. 나도 그 큰 눈을 힘차게 바라보았다. 아무도 모르게 마음이 오고가는 느낌이다.

"그래, 이제 부엉이 네가 나설 차례다. 오늘밤 아무도 모르게 가게를 뛰쳐나가 힘껏 비상하여 부와 재수를 저 난전에 우수수 쏟아놓길. 말끔한 척 들어앉은 저 연근들처럼 내일, 아무 일도 없었던 듯 오송송 모여 내 친구의 가게를 지켜주길."

먼 길

 나는 지금 열애중이다. 그가 먼 길을 돌고 돌아 내게로 왔다. 인파가 넘실대는 광장시장 구석에서 먼지를 뒤집어쓰고 새 주인을 기다리고 있었다. 버림받은 건 아닌 것 같다. 생김새가 고풍스럽고 때깔도 나쁘지 않다. 피치 못할 사정으로 뜨거운 이별을 했을 것이다. 몇 사람의 손을 거쳤을까. 시장에 온 사람들은 앞, 뒤태를 보고 만져보다 그냥 갔을 것이다.
 골동품을 좋아하는 친구가 그곳에 가서 우연히 발견했다. 그는 자동차의 트렁크에서 꺼내 주며 활짝 웃었다. 입양하는 갓난아기를 안듯 조심스럽게 받아 안으며 나도 함박웃음을 웃었다.

내 뜻과 무관하게 인연을 맺었지만 우리는 매일 안고 사랑을 나눈다. 나는 그를 위로하고 그는 내게 기쁨을 준다. 이제는 가족이 되었다. 이만하면 옛 주인도 안심하고 가던 길을 가도 될 것 같다. 그도 우리 집 거실의 가장 편안한 곳에 기대서서 묵묵히 내 손길을 기다린다. 얼마나 먼 길을 돌고 돌아왔을까. 과거를 모르니 더 신비롭다. 옛 주인이 그리울까, 살짝 질투가 난다.

오늘밤은 깎아놓은 손톱 모양 초승달이 까만 하늘에 떴다. 사연이 있어 보이는 기타를 안고 노래를 한다. 나일론의 여린 줄도 따라 부른다.

"어여쁜 눈썹달이 뜨는 내 고향, 만나면 즐거웁던 외나무다리, 헤어진 그날 밤아 추억은 어디."

어쩌면 도도한 클래식만 연주했던 악기일지 모른다. 예의를 갖추어 전 주인에게 허락을 받아야 할까 보다. 최무룡의 '외나무다리'를 연주하며 구성지게 노래해도 웃으며 고개를 끄덕여주길….

우렁각시 할망

 할망이 다녀갔나 보다. 집에서 멀지 않은 길옆의 야트막한 언덕 아래 도자기 그릇 두 개가 주인을 기다린다. 한 그릇에는 사료가 또 한 그릇에는 물이 담겨있다. 매일 지나가지만 고양이가 먹는 것을 한 번도 보지 못했다. 그저 반쯤 담겨있는 사료만 볼 뿐이다. 먹이를 놓고 가는 할망도 본 적이 없다. 내가 보지 않는 사이에 그들만의 거래가 이루어지나 보다.
 더운 여름에는 차가운 물이 그릇 가득 채워져 있었다. 맑은 물그릇 속에 구름이 지나가고 들꽃도 제 그림자를 비추어 바라보고 있었다. 찰박찰박 물을 먹는 발갛고 앙증맞은 혀를 보고 싶지만 목마른 그들은 어딘가에 숨어 내가 지나가기를 기다리고 있을 것이다.

비바람과 천둥 번개가 치는 날에 할망은 종이 박스에 비닐을 덮어 바람막이를 만들고 커다란 돌을 받쳐놓았다. 호기심이 많거나 낭만을 즐기는 고양이라면 두어 마리 들어앉아 모험을 즐기기에 딱 좋을 것이다.

어떤 날은 여기저기 새의 깃털이 흩어져 있었다. 염치없이 남의 밥그릇에 손을 대다 쫓겨 달아났는지 깃털은 쥐어뜯겨 있었다. 흔적을 보며 상상만 할 뿐이라 그곳을 지날 때는 간질간질 호기심이 생겼다.

매일 먹이를 주고 며칠에 한 번씩 생선 캔까지 가져와 먹이니 고양이 가족은 튼실해졌다. 소문을 들은 이웃 고양이들도 놀러와 눌러앉았을 것이다. 언덕 위 후미진 곳에 모여 밤새 수다를 떠는 고양이 무리의 소리에 근처 아파트 주민들은 화가 났고 할망에게로 화살이 돌아갔다. 주의를 줄 양 별렸지만 정작 아무도 말을 못 했다. 갑자기 모습을 나타낸 식솔들은 손바닥만 한 새끼 고양이들이었다. 올망졸망한 것들을 거느린 어미에게 밥을 주는 할망을 어쩌겠는가.

여고 때였다. 성격이 밝고 잘 웃는 친구가 있었다. 친구는 휴일이 지나고 학교에 오면 주말에 부모님과 외식한 일이며 엄마가 얼마나 예쁜지를 자주 얘기했다. 그때만 해도 주말 외

식은 흔한 일이 아니라 우리들의 부러움을 샀다.

친구는 어느 날부터인가 가끔 교무실에 불려갔는데 돌아올 때는 양손 가득 선물 꾸러미를 들고 왔다. 누가 주고 갔는지 그 속에 무엇이 들었는지 궁금해 죽을 지경인 우리들에게 돌아오는 대답은 언제나 똑같았다.

"우렁각시가 주고 갔어."

우렁각시가 다녀간 날 그 친구의 웃음이 어둡다는 것을 나 혼자만 느꼈는지 어쨌는지는 잘 모르겠다. 이런저런 소문이 들리기도 했지만 친구는 전혀 개의치 않았다. 우리는 졸업을 하고도 가끔 만나 차를 마시고 객지로 간 친구들의 이야기를 하기도 했다. 그리고 그 일은 서서히 잊히고 있었다.

"참, 우렁각시 그 사람, 내 친엄마였어."

친구는 남의 얘기를 하듯 덤덤하게 말을 했다. 차를 마시고 나와 버스 정류장으로 가는 길이었다. 나는 혼란한 머릿속을 정리하느라 친구의 얼굴을 빤히 쳐다보았다.

엄마에게 다른 남자가 생겨 집을 나갔고 아버지는 새장가를 갔다는 소문이 사실이었다면 학교에 찾아오는 엄마를 만나는 마음이 어땠을까. 나라면 그런 엄마를 만나기나 했을까.

친구는 웃으며 손을 흔들었다. 나는 아무 말도 못 하고 버스를 타는 친구의 뒷모습을 바라만 보고 있었다. 감당하기 벅

찬 일을 혼자 끌어안고 밝은 척 애썼던 마음도, 이렇게 툭 던지듯 말을 하고 가버리는 마음도 가늠하기 힘들었다. 사실은 서운한 마음이 컸다. 미주알고주알 집안 얘기며 그 나이 또래에 일어나는 사소한 일들을 자불자불 이야기한 나는 무언가.

지금 생각해보면 친구는 그 말을 꺼내기 전에 얼마나 고민을 했을까 싶다. 하고 싶은 말도 응어리도 많았을 테지만 차마 못 했을 것이다. 자불자불 할 수 있는 얘깃거리가 아니었을 것이다. 내 서운한 마음을 읽었는지 내게 더 서운했는지는 모르겠다. 이후로 그 친구를 보지 못했다.

며칠간 고양이 밥그릇이 비어있다. 휑한 그릇 속에 바짝 마른 나뭇잎 한 장이 바람을 따라 돌아눕고 있었다. 할망도 고양이도 궁금했다.

이사할 딸을 도와주러 며칠간 서울에 있다 집으로 오는 길, 나는 조금 먼 길을 돌아 그곳을 지나왔다. 아, 밥그릇이 채워져 있다. 할망이 돌아왔나 보다. 본 적도 없는 할망과 고양이의 얼굴이 반갑게 겹친다. 집으로 오는 발걸음이 가볍다.

길고양이는 병균을 옮기기도 하고 그 수가 점점 불어나 사람들을 불편하게 한다는 것을 할망도 알고 있을 것이다. 어쩌면 가족이 말리기도 할 것이다. 그러나 이미 마음을 주고 난 후는 걷잡을 수 없다. 금지된 사랑이 더 애틋하지 않던가.

고양이에게 밥을 주는 할망의 마음이 읽힌다. 요즘은 길고양이에게 중성화 수술을 시키고 보호소로 보내기도 한다니 할망의 마음도 차츰 편안해 질 것이다.

두고 나온 딸을 만나러 학교에 오는 엄마의 염치없는 마음도 짠하다. 자세한 내막은 모르나 나이 지긋해진 그 친구도 지금쯤은 엄마를 안아주었으리라 믿는다.

시간은 우리가 인식하지 못하는 사이에 원하는 곳에 데려다 놓는가 보다. 조건이 있다면 상처에 구덕살이 덕지덕지 붙어 아픔이 무디어진 어느 날일 것이다.

내 저리 될 줄 알았다

젊은 엄마가 아기를 안고 있다. 앞에 선 할배가 사랑스런 눈으로 아기를 내려다본다. 아기 엄마는 감사한 미소를 보낸다. 용기를 낸 할배가 투박한 손으로 아기를 쓰다듬을 때 아기 엄마는 억지웃음을 짓는다. 쭈글쭈글한 손이 보드라운 아기의 뺨을 지나간다. 아기가 입술을 삐죽거린다, 어쩌나.
"까꿍!"
눈치 없이 쉰 목소리까지 내다 된통 당한다. 지하철 안, 아기는 발작적으로 울고 사람들이 놀라 바라본다. 아기 엄마는 당황하고 할배는 머쓱하다.

"내 저리 될 줄 알았다."

꽃차

 길고 긴 장마다. 빗물이 공기에 섞여 숨 쉬는 순간순간 몸속으로 들어와 자리 잡는다. 내뱉는 숨결에서도 물 냄새가 난다. 진한 커피를 마셔도 소용없다. 비는 더 이상 낭만이 아니다. 창가에 서서 떨어지는 빗방울을 보며 추억에 잠기는 일은 이제 없을 듯하다. 착 달라붙은 음습한 공기를 떼어낼 방법을 찾아본다.
 몇 년 전이었다. 오래 알고 지낸 친구와 다툰 후 다시는 보지 않으리라 마음을 먹은 때였다. 섭섭한 마음을 되씹으며 상처를 키우고 있는 것을 본 지인이 꽃차를 주었다. 이까짓 차가 무슨 도움이 될까 싶었다. 성의 없이 국화차를 우려 무심한 마음으로 한 모금 머금었다. 투명한 노란 액체가 입속에 퍼졌다.

네 살 때쯤으로 기억한다. 동네 어귀에 국화 밭이 있었다. 혼자 노는 것을 좋아하는 아이는 드레스 입은 공주의 그림을 들고 자주 그곳으로 갔다. 언니가 그려준 것이다. 커다란 슬리퍼를 신고 끝도 없이 펼쳐진 국화 밭 모퉁이의 조그만 돌멩이 위에 앉아있다. 그림이 그려진 종이를 오래도록 들여다보는 눈에 눈물이 글썽하다. 짙은 국화 향은 바래지 않는 물감으로 그려진 이 풍경을 동반한다.

자연은 마음의 아픔을 치유하는 힘이 있다. 든든하고 뿌리 깊은 아군이다. 진하지 않은 향은 마음속에 돋아난 가시를 어루만져 무디게 했다. 친구를 생각할 때마다 굳어지는 몸의 근육을 부드럽게 풀어주었다. 국화꽃 차는 머금어 삼키기도 전 가슴으로 와 닿아 나를 감싸 안았다. 케모마일, 오전의 햇살을 닮은 연노란색 차를 만난 건 행운이었다.

식구들이 집으로 돌아오기 전, 그 틈새의 시간이 아까웠던 때는 홍차를 우렸다. 맑은 물이 붉은색으로 천천히 바뀌어가고 마음은 바빴다. 창을 통해 노을을 볼 수 있었던 것도 한몫을 했다. 지는 해를 바라보며 홍차의 향을 머금으면 잔잔한 평화, 오지게도 행복한 전율이 온다. 홍차의 맛은 해가 넘어가는 오후가 되어야 깊이가 더해진다. 왁자하게 아이들이 집으로 돌아온다. 마지막 한 모금을 남겨두고 그들을 맞이한다.

 마음이 우중충한 날은 진한 색의 차를 우렸다. 히비스커스차는 레드와인 색이다. 맑고 투명한 유리잔에 그들을 눕히고 물을 붓는다. 마른 꽃잎들이 조용히 신음한다. 와인처럼 천천히 잔을 돌려가며 마셔본다. 마음이 시나브로 차분해진다.

 택배가 도착했다고 알림이 왔다. 현관문을 열어보니 조그만 상자가 오도카니 서있다. 서둘러 뚜껑을 연다. 일곱 가지의 꽃차가 똑같은 옷을 입고 나란히 줄을 섰다. 라벤더, 로즈플라워, 로즈힙, 홍차, 자스민, 케모마일, 히비스커스, 죽은 양 마른 몸을 한 꽃들이 트로이의 목마처럼 조용히 집으로 들어왔다.

 스물스물 자리 잡은 습한 기운을 날려버릴 꽃차를 우린다. 향이 진한 라벤더가 물을 만나 다시 피어난다. 비 머금은 공기가 힘을 풀고 스러진다. 라벤더의 승리다. 나는 모처럼 새뜻한 시간을 보낸다.

 지루한 장마가 지나가면 케모마일 차를 우려야지. 기억 속 국화꽃 밭으로 걸어가 공주 그림을 하염없이 바라보는 아이의 얌전한 어깨를 안아주어야겠다.

 아이들이 집으로 다니러 온다는 연락이 오면 느긋하게 앉아 홍차를 우려야지. 이제 성인이 되어 내 품을 떠난 지도 몇 년이 지났다. 틈새 시간이 아까웠던 젊은 때, 내가 그들의 버팀목이었던 시절이 있었다. 잠시 우쭐해진다.

꽃은 해와 달과 별의 기운을 오롯이 담은 자연의 작품이다. 밥을 구하러 나온 개미가 간지럼을 태워도 묵묵하다. 가을을 알리러 온 귀뚜라미가 성가시게 밤잠을 깨워도 조용히 고개를 끄덕인다. 거센 바람에 온몸이 뿌리째 뽑힐지언정 스스로 몸을 꺾지 않는다. 그저 하늘을 바라보며 서있다 때가 되면 고요히 스러진다. 이보다 강한 몸짓이 있을까. 나는 예를 갖추고 그들의 정신을 찻잔에 담아 물을 붓는다.

밖은 아직 장맛비가 추적추적 내린다. 수첩을 뒤적인다. 소중한 사람들의 전화번호는 수첩에 옮겨놓았다. 친구의 전화번호가 있을 것도 같다.

2부

루루예찬
풍경
링거 원 샷
치유의 등
그냥 넘어가도 될 일을
마음, 장례하다
기억 속에 우뚝 선 은행나무
자유를 찾아 날다
언제나 지각
후불로 받다
당첨되다

루루예찬

딸이 아기를 낳았다. 게다가 쌍둥이다. 고요하던 집이 시끌벅적해졌다. 식구들의 마음이 상기되고 발걸음이 빨라지니 집을 떠도는 공기마저 들떴다. 아기들 잠자는 시간에 우리는 식사하고 쉬고 잠을 잘 수 있었다.

아기들의 기운은 마른 숲에 내린 찬이슬 같았다. 꽃 피우기를 망설이며 주저주저하던 호접난이 마침내 꽃망울을 터뜨리고 기린꽃이 무더기로 쑥쑥 자라고 수년 간 잠을 자던 긴기아난이 진한 향기를 내뿜으며 꽃을 피웠다. 이 무슨 조화인지, 집 안의 생명 있는 모든 것이 깨어났다.

태어난 작은 생명체는 신비를 담은 까만 눈과 꽃잎을 닮은 작은 입술, 조그맣고 하얀 손과 보들보들한 엉덩이를 가지고 있었다. 꼭 쥔 손을 펼치니 조그만 손바닥에 선명하고 또렷한 무늬 세 줄이 새겨져 있다. 하이파이브를 한다. 멋지게 살렴.

한밤중에 잠에서 깨어난 눈망울은 어둠 속에서 빛이 났다. 오래전, 사막에서 하룻밤을 보내며 모래 위에 떨어지던 별빛을 본 적이 있다. 촘촘히 박혀있던 별, 눈에 익은 그 빛이었다.

태열이 지나고 나니 하얀 피부가 드러난다. 밀도 높은 피부는 아무도 밟은 적 없는 태초의 바닷가 모래처럼 고요하게 빛난다. 손을 갖다 대기도 아까워 바라만 본다. 목욕을 끝낸 아기의 얼굴에 쓱쓱, 로션을 발라주는 딸의 손을 바라본다. 딸의 손바닥이 부럽다.

가랑가랑 숨을 쉴 때 개미굴만큼이나 작은 콧구멍에 먼지보다 조금 큰, 하얀 코딱지가 들쑥날쑥한다. 새끼손가락도 들어가지 않아 속만 답답하다. 아기용 면봉을 들고 온 딸이 조심스럽게 집어넣어 살살 돌린다. 재채기를 하는 아기의 콧구멍에서 툭 튀어나온 코딱지가 반갑다.

공작새가 날개를 활짝 펴기를 기대하듯 잠자는 아기 옆에 앉아 배냇짓을 기다린다. 그 웃음은 맛보기 영화처럼 짧지만 회오리바람처럼 강해 과거 현재 미래의 근심마저 한순간에 날려 보낼 것 같다.

조막만 한 얼굴은 도장 찍은 듯 똑같아 구별이 되지 않았다. 난감해하던 딸이 아기 몸의 이곳저곳을 살펴보았다. 보드라운 머리카락 사이의 하얀 가마가 조금 다른 곳에 있다. 한 아기는 정중앙에, 또 한 아기는 오른쪽 옆으로 살짝 비켜 앉았다. 이제 바뀌지는 않을 것 같다. 삼신할매의 배려인가, 감사하다.

조금 자라니 옹알이를 한다. 알아들을 수 없는 말로 최선을 다해 이야기한다. 끝도 없이 이어지는 말이 궁금하다. 옹알이를 하다 소리가 커지며 울음으로 바뀌기도 한다. 눈물이 그렁그렁 맺혀있고 금방 흘린 눈물이 볼 중간쯤 내려가는 중에도 활짝 웃을 수 있는 투명한 그 마음을 만져보고 싶다.

조그맣고 통통한 아기의 발을 본다. 보들보들한 발바닥을 간지럽히니 옴실옴실 발가락을 움직인다. 한 번도 땅을 짚어본 적 없는 발바닥이다. 일 년쯤 후면 걸음마를 시작하겠지. 저 조그만 발로 얼마나 많이 걸을까.

나도 저런 때가 있었을까. 가장 아래쪽에서 커다란 몸을 지탱하느라 지치고 투박해진 내 발을 본다. 만 원에 다섯 켤레나 주는 싸구려 양말 한 묶음을 사면 몇 달 너끈히 살아가는 착하고 너덜너덜한 발바닥에게 처음으로 고맙다고 인사한다.

햇살이 좋은 날, 아기들을 유모차에 태워 산책한다. 몸이 불편한 노인이 천천히 걸어와 아이들 앞에 선다. 할 말을 잊고 눈부신 듯 바라보았다. '귀엽죠?' 내가 먼저 말을 붙인다. 고개를 연신 끄덕인다. 볼이라도 한 번 만져보시라 하고 싶었지만 세상이 바뀌었다. 모르는 사람이 아기를 오래 바라보거나 만지기라도 하면 젊은 엄마들은 기겁을 한다. 지나가다 마주치는 아기가 예뻐 머리를 쓰다듬고 이름을 묻고 빠이빠이 하던 나는 이제 옛날 사람이다.

아파트를 끼고 흐르는 개울가를 지난다. 나무 위에 앉은 새들을 보고 하늘의 구름을 보고 성근 머리가 바람에 흔들리는 민들레 꽃씨를 훅, 불어 날려 보낸다. 날아가는 씨앗을 아기들이 유심히 바라본다. 아이들이 비눗방울을 불며 뛰어간다. 비눗방울은 눈앞에 잠시 머물다 홀연히 사라진다. 오늘밤 아기들은 무슨 꿈을 꿀까.

태어나 처음 맞이하는 어린이 날, 헝겊으로 만든 공룡 인형 두 개를 선물했다. 공룡의 몸에는 도톰하고 보드라운 연두색 손수건이 매달려 있어 아기의 작은 손으로도 너끈히 잡을 수 있고 눈에 잘 띄어 마음에 꼭 들었다. 딸은 아이 것이 바뀌지 않게 빨간색 실로 이름 첫 글자를 바느질했다. 아기 공룡의 턱 갈퀴에 'N, H' 이름이 새겨졌다.

퇴근한 사위가 웃으며 말한다.

"N H 농협이야?"

딸과 내가 깔깔 웃는다. 아기들도 따라 웃는다.

쌍둥이의 이름은 나루, 하루, 둘을 함께 부를 땐 '루루'. 그래서 우리 집은 루루家가 되었고 나는 공짜로 행복한 할머니가 되었다.

풍경

 마음속 오색 깃발 휘날리는 날. 버스에서 내려 큰길을 지나면 비탈진 아래에 학교 정문이 보인다. 방과 후 합창 연습이 끝나고 집으로 가는 길에 이십 원을 주고 바나나빵을 사먹었던 문방구가 아직 그 자리에 있다. 화요일엔 영업을 하지 않는다는 안내문이 붙은 이발소도 보인다. 마음은 벌써 그 시절로 돌아간다.
 여름방학이 끝나고 이 학기가 시작되면서 매일 마스게임 연습을 했다. 운동장을 가득 메운 학생들이 한 몸처럼 움직여야 하는 체조라 뙤약볕이 내리쬐는 운동장에서 오래 연습을 했다.

선생님의 구령에 맞춰 체조를 하다 바라본 가을의 쪽빛 하늘은 지금 눈을 감아야 볼 수 있는 기억의 하늘색이다. 연습이 끝난 후 달려가 수도꼭지에 입을 대고 꿀꺽꿀꺽 마시던 차가운 물, 마른 갈증이 없어지지 않는 날에는 눈을 감고 그 수돗물을 떠올린다. 웃통을 벗고 장난을 치다 선생님께 혼이 나도 낄낄 웃던 개구쟁이 남자아이들, 풍경은 문신처럼 마음에 새겨져 있다.

운동회 전날 밤에는 오자미를 만드는 엄마 무릎을 베고 잠이 들었다. 아침에 눈을 뜨면 색색깔의 오자미들이 머리맡에 몽골몽골 놓여있었다. 오래 신어 구멍 난 양말과 눈에 익은 헌옷 조각들이 콩을 한입 가득 물고 콩 주머니가 되어 있었다. 엄마는 언제 잤을까.

만화 그림이 그려진 운동화가 침을 꼴깍 삼키며 마루 끝에서 나를 기다리고 있었다. 헌 운동화의 바닥을 손바닥으로 재어보더니 시장 가는 길에 사 왔나 보다. 반색하는 나를 보고 엄마가 싱긋 웃었다.

오색 깃발이 펄럭이는 운동장을 향해 가는 아이들은 하얀색과 파란색의 물결이었다. 백군은 흰색 바지에 하얀 머리띠를 두르고 청군은 청색 바지에 같은 색 머리띠를 둘렀다. 새 운동화를 신은 나는 한걸음에 달려가 그 물결에 휩쓸렸다. 신발주머니 속의 오자미들은 서로 부딪히며 숨고르기를 하고 바람개비 장수 아저씨와 아이스께끼를 파는 청년이 자리다툼을 하고 있었다.

마스게임이 끝나면 점심시간이다. 나무 그늘에 자리를 잡고 앉았을 엄마를 찾았다. 엄마가 가져온 보자기 속에는 김밥 도시락이 있었다. 꽃보다 예쁘고 꿀보다 달콤한 김밥이었다.

운동회의 기억은 우리를 설레게 한다. 그때로 돌아가고 싶은 마음에 동기들은 일 년에 한 번씩 운동회를 한다. 우리 모두는 인각의 묘약을 나누어 마셨나 보다. 어린 시절의 기억을 고스란히 가져와 이리도 즐거울 수 있으니.

"대 엔 찌." 큰 소리에 맞추어 동시에 손을 내민다. 손바닥을 낸 사람끼리 손등을 낸 사람끼리 한 편이 된다. '대 엔 찌'가 무슨 뜻인지 아무도 모르지만 궁금해하는 친구도 없고 알려고도 하지 않는다. 그저 친한 친구와 한편이 되면 겅중겅중 뛰며 좋아한다. 지금도 그렇게 청군 백군을 나눈다. 모두 한마음이 되는 순간이다. 설렘은 여기까지다.

손에 땀을 쥐는 게임은 없다. 피구공은 스펀지로 만들어 세게 맞아도 아프지 않다. 남자는 족구를 하고 여자는 훌라후프 오래 돌리기 게임을 한다. 지켜보는 친구가 하품을 한다. 운동회의 꽃이라는 이어달리기는 생략이다. 와, 와, 함성 소리가 그립다. 안달을 하며 바통을 낚아채고 맨발로 운동장을 뛰던 그 아이가 배불뚝이 저 아이였던가. 청백으로 나누어진 전교생이 '청군 이겨라! 백군 이겨라!' 목이 쉬게 응원했던 그때가 눈물 나게 그리워지는 시간이다.

운동회가 끝나니 과분한 식사가 기다리고 있다. 돈가스가 들어있는 김밥, 수육, 떡, 갖가지 과일과 과자들이다. 배보다 배꼽이 크다. 스피드 없는 운동과 짜릿하지 않은 승리와 그에 맞갖은 먹을거리다.

마스게임 하는 나를 보려고 사람들 틈에서 까치발을 했을 엄마는 이제 없다. 단정하게 묶은 머리를 조롱조롱 흔들며 걷던 그 친구도 너무 빨리 하늘로 갔다. 그때 함께했던 사람들, 다시 모인 이곳에 지금은 없는 사람들, 추억은 설레기도 하지만 그림자처럼 따라오는 쓸쓸함 때문에 마음이 해쓱해지는 값을 치러야 한다.

이북이 고향인 아버지는 한 명뿐인 고향 친구가 죽자 방문을 닫고 나오지 않았다. 어두운 방에서 혼자 소리 죽여 포효했다. 동네 친구들의 이름과 마을 근처에 흐르던 작은 개울마저도 훤히 알고 있던 친구였다. 단둘이 잡고 있던 기억의 끈을 놓고 가버렸다. 며칠 후 마루에 덩그러니 앉아있던 아버지는 망망대해 바위섬에 홀로 있는 작은 새 같았다. 까맣게 타다 바스러진 마음을 치유했는지 기억을 다 지웠는지는 모르겠다.

내가 잠시 호사를 부렸다. 당번이 받아온 주전자의 물을 함께 마신 친구들이 이제 맥주가 담긴 잔을 들고 건배한다.

"오! 오랫동안, 징! 징그럽게, 어! 어울리자."

건배하는 목소리가 우렁차다.

링거 원 샷

"링거 한 잔 주세요."

툭 튀어나온 말은 주워 담을 수도 없다. 의사 선생님도 민망했는지 못 들은 척한다. 비타민을 추가할까 어쩔까 묻는 말에 대충 알아서 하시라 하고 바삐 진료실을 빠져나온다. 또 말실수를 한다. 평소에 자주하는 말은 패키지로 묶여있다. 한잔하는 것을 좋아하니 '한' 뒤에 '잔'이 자연스럽게 튀어나왔다. 창의적인 사고는 이제 없어지나 보다.

건망증은 또 어떤가. 청소기를 밀다가 우뚝 선다. '저 방을 청소했나?' 어쩌면 방 한 칸은 건너뛰었는지 모른다. 집중하지 않으면 머릿속이 헝클어진다. 집중은 고사하고 생각은 딴 세상에 가 있으니 그럴 수밖에. 산만하기까지 한 머릿속을 어떻게 정비해야 하나.

했던 말을 하고 또 하던 엄마의 뒤를 밟는다.

"그 얘기 또 해?"

퇴박을 놓곤 했는데 과거로 돌아가 화해를 할 수 있으면 좋겠다. 미안하다고 마음을 다해 말하고 싶다. 딸과 이야기를 하다 중간쯤 깨닫는다. '그때 했던 말이구나.' 잠자코 듣고 있는 딸이 고맙다.

늙어가니 사라지는 마음도 많아진다. '이종환의 밤의 디스크 쇼'를 듣던 시절이 있었다. 아직도 머릿속을 맴도는 음률, '도레미레도도~ 도~ 도레미시~ 라~ 라시도솔~' 강렬한 시그널 뮤직을 타고 흐르는 이종환의 도도한 첫 멘트를 기다렸다. 강렬하고도 부드러운 목소리는 들쭉날쭉 젊은 피를 적당한 온도로 덥히거나 식히는 일을 해주었다. 황동색 램프를 쓱쓱 문지르면 하얀 연기와 함께 나타나는 램프의 거인을 만나는 마음으로 나는 그 시간을 기다렸다.

"부르셨습니까? 주인님!"

자정이 다 되어 듣는 팝송과 가요는 청춘의 아픔을 어루만져주었다. 그가 세상을 떠났을 때, 일생 중 가장 빛나게 피었던 나의 청춘이 그와 함께 사라진 듯 적막했다. 그때의 열정과 설렘은 모두 어디로 갔을까.

맥주 한 컵에 소주 반 잔 섞는다. 심심하던 맥주가 깜짝 놀란다. 늦도록 라디오를 들으며 가슴 설레던 시절, 희미하게나마 남았을 그때의 열정을 붙잡고 싶은 마음이 들 때나 이런저런 생각에 마음이 뒤숭숭할 때는 소맥을 마신다. 혈관을 타고 도는 소맥 한 잔에 기분이 좋아진다.

링거를 맞고 나니 살 것 같다. 숨이 쉬어진다. 이제는 의술의 힘도 의지해야 할 때다. 링거 한 팩이 딱, 소맥 한 잔 양이다.

"링거 원 샷!"

치유의 등

좁은 책상 아래 쪼그리고 앉아 울었다. 언니와 싸웠거나 오빠들에게 얻어맞았거나 엄마에게 혼나는 일상적인 일이었을 것이다. 엄마는 울다가 잠든 나를 그곳에서 자주 발견했다. 상처받은 아이를 업어주었는지 어쨌는지는 기억이 없다.

 수학여행을 다녀온 큰오빠가 사진첩을 선물로 주었다. 조그만 앨범에는 푸른 하늘의 구름을 이고 서있는 커다란 소나무와 유명한 절, 망망한 바다의 돌섬에 혼자 있는 작은 새의 사진들이 있었다. 친구들과 놀다 재미없으면 아무도 없는 방으로 가 앨범을 보았다. 몇 장을 넘겨 작은 섬에 혼자 서있는 새의 사진을 바라보며 소리 내지 않고 울었다. 숨겨놓고 가끔 찾아와 바라보고 만져보고 다시 잘 감추어놓는 보물처럼 슬픔을 감춰놓고 아껴 즐겼다. 슬픔은 칡처럼 씁쓸하지만 씹을수록 단맛이 난다. 어린아이에게 그 느낌은 쓴웃음과 같았다.

초등학교 때였다. 잊힐 만하면 동네 어귀에 나타나던 여자가 있었다. 베개를 등에 업어 단단히 포대기를 여민 여인은 뒤뚱뒤뚱 걸으며 중얼거렸다. 우는 아기를 업어 달래는 모양이었다. 머리는 산발을 하고 있어 그녀가 나타나면 귀신이라도 보는 양 줄행랑을 쳤다.

주정뱅이 남편이 술을 마시고 갓난아기를 집어던졌다. 아기는 죽고 엄마는 미쳐버렸다. 동네 어른들은 그 여자가 나타나면 고함을 질러서 쫓아냈다. 그녀가 베개를 업고 나타난 날은 알 수 없는 두려움과 슬픔에 잠을 설쳤다.

엄마는 아기가 숨을 거두기 직전의 순간에서 기억이 정지되었을 것이다. 아픔이 풍선처럼 부풀면 가슴에서 머리로 스물스물 올라가 머릿속이 뒤죽박죽된다고 생각했다. 아기로 변한 베개는 엄마의 등에서 매일 운다. 미안한 마음까지 합쳐져 속이 타 들어가니 아기를 업어 달래고 또 달랜다. 차라리 그렇게 미쳐버리는 게 나았을 것이다.

이웃집에 손녀가 왔다. 코로나로 유치원이 문을 닫자 외갓집으로 왔다. 눈치 빠르고 영리한 아이는 상황 파악을 빨리했다. 엄마가 보고 싶다고 말하지 않았다. 직장에 다니는 엄마를 힘들게 하고 싶지 않고 할머니 할아버지의 마음도 이미 읽었다.

두 달이 훌쩍 지났다. 위험을 감수하고라도 유치원이 문을 열어야 하니 이제 아이는 곧 돌아가야 한다. 그리고 할머니 할아버지와 헤어져야 하니 엉뚱한 곳에서 눈물이 툭, 툭 터진다.

할아버지는 계모임에 손녀를 데리고 왔다. 어른들은 종달새 같은 아이가 사랑스러워 장난을 걸었다. 씩씩한 척 명랑하게 대답하던 아이는 농담이 도를 넘자 감당이 어려워졌다. 곧 눈물을 글썽이더니 울음보가 터졌다. 어른들의 웃음소리에 아이는 더 크게 울었다.

할아버지의 등에 얼굴을 묻었다. 그 모습마저도 얼마나 사랑스럽던지 나는 아이의 어깨를 가만히 토닥여주었다. 아이는 나와 눈이 마주치자 겸연쩍게 웃는다. 불빛에 비친 눈동자가 반짝 빛난다. 눈물이 맺힌 채로 웃을 수 있는 이 아이는 훗날 할아버지의 등을 기억이나 할까. 그러나 할아버지는 기쁘다. 모임이 끝나고 할머니 할아버지 손을 잡고 걷는 아이의 치맛자락이 펄럭인다. 할아버지의 하얀 셔츠에 손녀의 눈물 콧물자국이 얼룩얼룩하다. 외손녀는 깃털처럼 가볍게 걷는다. 내 마음도 가볍다.

초등학교에 다니는 이웃집 아이는 늘 불만이 가득한 얼굴이다. 친구들과 놀면서도 자주 서럽게 운다. 놀이터에 앉아있다 말을 건넨다. 혹시 동생이 있냐고 물었더니 술술 대답한다. 다섯 살인데 어제도 장난감을 망가뜨렸다고 말할 때는 거의 억울해 죽을 지경이다. 고개를 끄덕이며 들어준다.
"그래서 얼마나 억울하니?"
말이 떨어지자 아이의 눈에서 구슬만 한 눈물이 후드득 떨어진다.
"그래도 어떨 땐 예뻐요."
밉기도 예쁘기도 한 동생이 이다음에는 참 좋은 친구가 될 거라고 일러주니 눈물을 가득 머금은 채로 방싯 웃는다. 마음으로 업어준 날, 그 아이의 귀갓길이 조금이라도 가벼웠길.
'아, 마음을 읽어주는 것도 업어주는 일이구나.'
산들바람이 나뭇잎을 타고 놀다 잠이 들었다. 먹이를 찾아 날아온 까치 한 마리가 수다를 떤다. 고단한 바람이 설핏 잠에서 깨어 다른 나무로 옮긴 뒤 뒤척이다 다시 잠이 든다. 섭섭해 머뭇거리는 까치를 나뭇가지가 업어 흔들흔들 달래준다.
표정 없이 눈만 빠끔한 어미 원숭이가 새끼를 업고 나무에 매달려 있다. 큰 바위처럼 야물고 늠름한 어미의 등은 새끼에게 단 한 개의 우주다. 자궁 속에 들앉아 있듯, 편안하다는 말로는 턱없이 부족한 아늑함이다. 업힌 이와 업은 이는 한마음이다. 안아주는 게 사랑이라면 업어주는 것은 내가 죽어 너를 보호하려는 마음이다. 날아오는 화살을 기꺼이 내 가슴으로 막는다는 약속이다.

누군가의 등이 있으면 좋겠다. 상처받은 날 엎드려 있으면 마음이 훈훈해지는 등. 차갑고 어두운 책상 아래서 나를 찾아 부르는 엄마의 목소리에 이끌려 나와 서러움이 말끔히 해소될 때까지 울 것이다.

"그때로 돌아갈 수 있다면."

그냥 넘어가도 될 일을

조간신문을 펼친다. 꼼꼼하게 이것저것 읽으며 중요한 정보는 메모한다. 하루를 시작하는 재미가 쏠쏠하다. 신문 24면을 펴면 '오늘의 운세'를 띠별로 알려준다. 호기심과 기대를 갖고 나의 운세를 본다. 토요일에는 일요일 것까지 친절하게 알려준다.

토요일 나의 운세는 이랬다.

"불가능한 일에 도전해야 더 값지다."

뭔가 멋진 말이다. 고개를 끄덕이며 열심히 살아야겠다고 마음을 먹었다. 내친김에 남편의 일요일 운세까지 보고 고개를 갸웃했다.

"안 될 일을 열심히 하면 더 빠르게 추락한다."

나는 되고 너는 안 된다는 말이다.

재미로 보긴 하지만 '동쪽으로 가면 좋은 날이다.' 하면 오늘 내가 가는 방향이 어느 쪽인지 가늠해보는 재미가 있다. 'ㅂ, ㅅ' 성을 가진 사람이 도움을 준다 하면 내 주위에 누가 '박'씨인지 '배'씨인지 누가 '서'씨인지 '손'씨인지 한 번 휘익 둘러보는 재미도 있다. 오늘의 운세는 다음 장을 넘길 때 잊히는 글이지만 속은 것 같은 이 기분은 뭔지, 안 보면 좋았을 일을 문틈으로 엿본 기분이다. 모르면 좋았을 일을 알고 난 후의 쓸쓸함도 있다. 너무 거창한가, 피식 웃는다. 어제 했던 약속을 오늘, 아무렇지도 않게 바꿔버리는 사람도 있긴 하다.

멋진 말로 사실을 덮어버리는 사람들이 많이 산다. 그 세상의 한복판에 까칠한 내가 서있다.

마음, 장례하다

흰 국화 한 다발을 받았다. 백중 입재 때 팔고 남은 꽃이다. 여름 한가운데 백중날은 먼저 가신 영가들을 위해 기도하는 날이다. 절에서는 정성을 다해 상을 차린다. 불자들은 국화를 사서 영가전에 올린다.

열대여섯 송이 하얀색 국화를 화병에 꽂아 거실에 둔다. 꽃은 검소하고 경건하다. 한두 송이만 꽂아두어도 환한 장미나 후레지아와 분위기가 다르다. 검정 옷을 입고 그 앞에 서있어야 어울릴 것 같다. 엄마가 보면 당장 갖다 버리라고 하겠다. 그럴까 하다 꽃을 주며 방긋 웃던 그 사람의 밝은 표정이 생각나 그만둔다.

소파에 비스듬히 앉아 텔레비전을 보다가 꽃에 눈이 가면 흐트러진 자세를 바로 하고 앞을 지나칠 때는 옷매무새를 가다듬어야 할 것 같다. 며칠이 지나니 우울하고 피곤한데 꽃은 아직 싱싱하다. 어쩌나.

기도하는 마음으로 잠잠히 눈을 감고 기억들을 떠올린다. 오만 가지 아픈 과거사를 꺼내 펼치니 마음이 무겁다. 잊힌 줄 알았던 것들이 그대로 마음속에 머물러 있다. 불안, 분노, 슬픔, 억울함의 근원이 목구멍에서 한 뼘쯤 아래에 똬리를 틀고 있다. 국화가 파르르 떤다.

"괜찮아."

내가 꽃을 다독인다.

희고 깨끗한 종이를 편다. 잘못한 것들을 해명하지 않기, 그저 회상하며 적어 내려간다.

"나의 아팠던 그날을 장례합니다."

"가족과 이웃들에게 상처 준 일을 장례합니다."

"미워했던 마음을 장례합니다."

내가 상처 준 이와 나를 상처 준 이의 이름과 구체적인 내용을 적는다. 슬프고 아픈 과거의 기억을 적는다.

말끔히 씻고 검정 옷으로 단정하게 차려입고 국화 앞에 선다. 써내려간 글을 천천히 읽는다. 대중 앞인 듯 떨리기도 부끄럽기도 하다. 눈물이 마구 흐른다.

다 읽고 난 종이를 태운다. 고백성사를 봐 준 국화는 말을 삼가고 미동도 없다. 태운 종이를 꽃과 함께 떠나보내기로 한다. 뭔지는 몰라도 마음이 한결 홀가분하다. 영가전에 올라갈 뻔한 국화, 쓰임새가 이리 되는 것도 나쁘지는 않겠다.

태풍이 올라온다는 소식이다. 바다가 또 한 번 뒤집어지겠지. 말이 없는 바다도 진노한 후 잔잔해지듯 나도 오늘 참 평화롭다.

기억 속에 우뚝 선 은행나무

지금은 교회가 들어선 자리. 버스정류소에서 고개를 쭉 빼고 내려다보면 오래된 집 마당에 은행나무가 있었다. 어찌나 키가 큰지 고개를 뒤로 한껏 젖혀야 볼 수 있던 나무 꼭대기. 하늘을 배경 삼은 잎사귀들이 햇빛 아래 나풀대며 춤을 추었다. 버스를 몇 대나 그냥 보내고 노란색 춤사위에 흠뻑 빠졌다. 세상에서 멀리 떨어진, 신비롭고 비밀스런 나라에 온 것 같은 느낌이 좋았다. 백 살도 넘었을 고목이 낳은 여린 초록 잎사귀들이 햇빛을 먹고 익어 가면 가을도 덩달아 깊어갔다. 떨어지는 노란 이파리들, 그 아래에 서면 기분 좋은 현기증에 온몸이 노곤해졌다.

버스정류소가 휑하다. 바람이 어지럽게 빙글 돈다. 머리가 쭈뼛 일어선다. 나무가 없다. 달려가 아래를 내려다본다. 싹둑 잘려나간 고목의 밑동이 하얗다. 교회 건물이 들어온다고 소문이 나고 오래된 집이 헐리더니 마당에 서있던 나무가 베어졌다.

아들이 입대하던 날 새벽에 시외버스를 탔다. 논산 훈련소 앞은 시골 장터처럼 붐볐다. 숱 많던 반곱슬 머리카락을 밀고 이발소 문을 나오며 겸연쩍게 웃던 아들의 파르스름하고 슬픈 머리통을 바라보던 그날의 마음이 겹친다.

가을이 오면 버스를 타던 사람들의 머리 위에서 까르르까르르 웃던 노란 천사들은 이제 없다. 신도들은 정장을 차려입고 사람 좋은 미소를 머금고 예배를 보고 나온다. 그들이 존경하는 목사님이, 우리 중 가장 오래 살았을 은행나무 앞에서 경건한 마음으로 인사하는 마음도 가르치면 좋겠다. 검정 슈트를 입은 사람들의 어깨에 노란 잎이 까불까불 떨어지는 상상을 해본다.

"나 혼자만 이리 쓸쓸한가."

자유를 찾아 날다

새 한 마리가 공중에서 빙글 돈다. 나뭇가지에 걸려있는 가느다란 실을 목에 두르고 흔들흔들 의연하다. 아무도 보는 이 없는 줄 알았겠지만 내가 보고 말았다. 한여름의 뙤약볕에 박제가 되어 간다. 어쩌나.

여름이 끝나가는 우거진 숲에서 매미들이 맹렬하게 합창을 하고 있었다. 시끄럽던 소리가 가까스로 귀에 익어 무심해질 즈음 거실에 앉아 꼬박 졸고 있었다. 열어놓은 창문 밖으로 "푸다닥, 탁." 심상찮은 소리에 후다닥 달려갔더니 그 꼴을 하고 있었다.

베란다를 마주보며 커다란 나무 한 그루가 서있다. 매일 아침 새들이 모여 수다를 떠는 참새 방앗간이다. 적당히 비가 내리는 날에는 무더기로 날아와 재잘댄다. 벼룩시장의 횡재와 다름없다. 게으르게 기어 나와 비 구경을 하던 벌레들이 봉변을 당한다. 이리저리 바쁘게 날며 먹이를 낚아채던 그들 중 한 마리일까.

쏟아지는 장대비를 가로질러 나는 새 한 마리를 경이롭게 바라본 적이 있다. 모험을 즐기는 놈인지 집을 잃은 놈인지 알 수 없으나 꽤 멋져 보였다. 날아 볼 엄두도 못 내고 처마 밑에서 비 그치기를 기다리며 황망하게 바라보던 소심한 그 새일까.

흔들리는 나뭇가지에 미동도 없이 오래도록 앉아있던 고독한 새를 보았다. 내가 지쳐 창을 닫고 들어왔다. 왕따를 당한 놈이 괴로워하다 어이없는 선택을 한 걸까. 마음이 뒤숭숭하다.

'안전한 속박 버리고 위험한 자유를 꿈꿨다.' 미국 뉴욕의 맨해튼에서 수리부엉이 한 마리가 높은 건물의 벽에 부딪혀 목숨을 잃었다는 조간신문의 기사를 읽었다.

수리부엉이 '플라코'는 맨해튼의 센트럴파크 동물원에서 탈출했다. 새장에 길들여져 먹이를 받아먹고 살던 수컷 부엉이 한 마리가 사람도 살기 힘들어 하는 뉴욕에서 어떻게 생명을 부지할 것인가를 놓고 모두가 걱정했다. 그러나 주택 창가에 앉아 집 안을 빤히 쳐다보거나 도심의 아주 높은 곳에 올라가 울음소리를 내고, 깃털을 휘날리며 존재감을 과시하는 플라코를 보며 사람들은 그가 자유롭게 무사히 잘 살아내기를 바랐다.

일 년여간 뉴요커들의 관심과 사랑을 받은 플라코는 젊은 이들에게 자유의 상징이었다. 그들은 플라코를 보며 자신도 언젠가는 자유를 찾아 훨훨 날아갈 거라는 꿈을 꾸기도 했을 것이다.

여행을 왔다가 돌아가지 않고 그곳에 머물러 사는 젊은이들을 본 적이 있다. 히피처럼 보였지만 자유롭던 사람들. 나도 인도를 여행하며 돌아가지 않고 머물러 살고 싶다는 생각을 해 본 적이 있다. 때 묻지 않은 사람들과 자연을 오래 바라보며, 내미는 손을 덥석 잡고 싶은 마음은 누구에게나 있었을 것이다. 두고 온 모든 것들이 발목을 잡았겠지만 그중 몇은 플라코 같은 삶을 선택했다.

2010년 생 플라코는 13살에 찢어진 방충망을 뚫고 자유를 찾아 비상했다. 그들의 평균 수명은 20살이지만 사육되는 수리부엉이는 40살까지도 산다. 뉴욕의 하늘을 비상하며 고작 1년을 살았지만 자유를 찾아 비상한 새의 삶에 사람들은 열

광했다.

플라코가 죽은 후 그를 추모하는 벽화가 그려지기도 했다. 말로 표현할 수 없을 정도로 슬프다는 추모의 글이 줄을 이었다. "플라코는 거의 평생을 붙잡혀 살았어도 언젠가는 홀로 자유롭게 살 수 있음을 보여주었다. 뉴욕과 전 세계를 사로잡은, 불같은 눈동자를 가진 이 거대한 새의 불가능해 보였던 모험은 이렇게 끝이 났다." 뉴욕타임스에 실린 글이다. 새의 죽음에 이보다 더한 찬사가 있을까. 사람들은 하늘을 나는 플라코를 보며 자유를 찾아 죽음도 불사한 그 용기를 부러워했을 것이다.

기사를 읽으며 우리 집 베란다 앞에서 죽음을 맞은 그 새를 생각했다. 어떤 삶을 살았는지 궁금하다. 스스로 목을 매는 새가 어디에 있겠냐마는 빠져나오려고 바득바득 애쓰지 않는 모습이 그렇게 보였다. 플라코가 사고로 죽었는지 스스로 온몸을 벽에 받았는지 모를 일이다.

나이 들어 좋은 건, 별로 놀랄 일이 없다는 거라 한다. 지하철 노인석의 마주보는 의자에 앉은 사람들, 삶의 쓰나미를 겪지 않은 인생이 얼마나 될까. 그들 모두 의연하다. 새가 자살을 했다고 호들갑을 떨어도 "그럴 수 있어!" 이렇게 말할 것 같다.

'여름 숲을 알지 못하는, 새장에서 태어난 방울새가 난 부럽지 않네. 한 번도 사랑해 본 적이 없는 것보다 사랑해보고 잃는 것이 차라리 나으리.' 언젠가 읽은 시의 구절이 생각나는 아침이다.

언제나 지각

마니차를 돌린다. 옴 마니반메훔 옴 마니반메훔. 기도륜이 한 바퀴 도는 동안 소원을 빈다. 닳아서 해진 전통복을 입은 할머니는 긴 회색 머리를 양 갈래로 땋았다. 꼬불꼬불한 기도 길은 언덕을 따라 끝도 없이 이어졌다. 할머니의 뒤를 따라 걷는다. 무엇을 저리도 간절히 빌까. 흐트러지지 않는 가느다란 어깨를 따라 나도 걷는다.

두런두런, 어른들의 말소리가 늦은 밤까지 이어졌다. 아버지와 새로 온 아줌마와 엄마는 오래도록 이야기를 나누었다.

"철식이는 내가…."

엄마의 목소리는 공중에서 떨어지는 마른 이파리 같았다.

철식이는 차갑고 시린 엄마의 손에 이끌려 대문을 나선다. 이른 새벽이라 자꾸만 눈꺼풀이 내려온다. 삐걱, 대문을 열고 마당을 한 번 휘 돌아보더니 문을 쾅 닫는다. 안에서는 기척이 없다. 잠시 머뭇거리던 엄마가 입술을 깨문다.

"가자."

아침밥을 하다 손을 닦으며 후다닥 뛰어나온 고모는 쯔쯔 혀를 찬다.

"참말, 오빠도 너무하시네, 여시한테 넘어가 자식도 버린답디까?"

엄마는 죄인처럼 고개를 숙이고 서있다. 다섯 살 철식이는 엄마와 함께 고모네서 더부살이를 시작한다. 여리고 순해 터진 엄마는 살림을 도맡아 하며 그럭저럭 지냈다. 몇 년 후 고모의 중매로 엄마는 시집을 가고 철식이는 다시 아버지의 집으로 들어간다.

학교에 다니는 철식이는 장날을 기다린다. 강을 한 개 건너 시집간 엄마는 장날이 되면 읍내에 있는 학교 앞에 서서 수업이 끝나길 기다린다. 삶은 달걀을 품에 안고 있다. 철식이도 수업이 끝나기만 기다린다. 종이 울리면 부리나케 달려 나와 모자 상봉을 한다. 엄마는 아직 식지 않은 삶은 달걀을 까서 아들의 손에 들려준다. 두 사람은 시장에서 국밥을 한 그릇

사 먹고 다음 장날에 만날 것을 약속한다. 철식이는 배를 타고 멀어져 가는 엄마를 오래 바라본다. 그 모습이 가슴 아파 엄마는 먼저 가라고 등을 떠밀었지만 철식이는 고집을 피우며 강나루에 서있다. 장날이라도 비가 오는 날은 배가 뜨지 않아 강나루에 서서 먼 곳만 바라보다 집으로 돌아온다.

"공산당을 피해 남쪽으로 도망가라." 엄마는 성인이 된 아들의 등을 떠민다. 철식이는 엄마에게 곧 만나자 약속하고 급히 서울로 내려온다. 삼팔선이 그어지고 영영 이별을 한 이후로 엄마는 어떻게 되었는지 모른다. 아들을 가슴에 묻었을 엄마, 아들도 엄마를 가슴에 묻었다. 소설 같은 이야기의 주인공 철식이는 우리 아버지, 삶은 달걀을 품에 안고 서있던 사람은 할머니다.

우리 형제는 아버지의 아픔을 눈치 채지 못했고 그저 이산가족 중 한 사람 정도로 생각했다. 구순이 다 되어 갈 즈음 처음으로 할머니 이야기를 했다. 눈을 감고 생각에 잠기기도, 오래 먼 곳을 바라보기도 하며 말은 뚜벅뚜벅 이어졌다. 할머니와 헤어질 때를 이야기하는 아버지의 목소리는 심하게 떨렸다.

우리는 우물 속처럼 어둡고 깊은 마음속에 무엇이 있는지 알지 못했다. 꺼내어 놓아도 어쩌다 한 번 무심히 바라보았다. 아버지 돌아가시고 오랜 시간 지나고 나서야 슬픔은 선명하게 보였다. 아픔이 가슴에 스민다. 아버지….

인도의 다람살라. 티베트에서 도망 온 사람들과 자손들은 언젠가 고향으로 돌아갈 수 있기를 간절히 바라며 이곳에 모여 살고 있다. 달라이 라마를 따라 국경을 넘던 티베트인들은 히말라야의 추위 속에 얼어 죽거나 동상에 걸려 손가락 발가락이 잘린다. 죽을 고생 끝에 다람살라 땅을 밟은 사람들은 두고 온 가족을 그리워하며 살고 있다. 처참한 사진과 유품, 중국 군인에게 잡혀 죽은 사람들의 피 묻은 옷이 고스란히 전시되어 있는 박물관, 그 아래에 기도의 길이 있다.

마니차를 돌리며 기도하는 할머니의 소원은 무얼까. 생때같은 아들을 두고 다람살라에 도망쳐 온 걸까. 투박한 손으로 염주를, 또 한 손으로 마니차를 돌리며 쉼 없이 중얼거린다. 옴 마니반메훔, 옴 마니반메훔….

할머니가 가슴에 품었던 삶은 달걀도 간절한 기도였겠지. 아버지 살아계실 때 알았으면 좋았을 텐데, 나는 늘 지각을 한다.

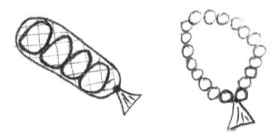

후불로 받다

 근사했다. 마당에 서니 바다 언저리만 살짝 보여 신비했다. 너른 잔디가 깔려있던 그곳은 한가한 어촌의 마을 중간쯤이지만 얼마나 고요한지 천지에 우리만 있는 듯했다.
 비탈지고 좁다란 동네를 지나간다. 낮은 담 너머 보이는 마당 평상에는 낡은 그물이 게으르게 누워 해바라기를 하고 있다. 고양이 한두 마리가 그 아래서 잠을 자다 인기척에 놀라 흘끔 바라본다. 평화로운 시골 마을이다.
 마을을 지나 남해 바닷가를 산책했다. 오지게도 느긋한 하루를 보내고 잔디에 앉아 별을 바라보는 시간. 오롯이 이 시간만을 위해 살아온 듯 가슴 설레었다.

친구의 별장에 왔다. 남해 바다가 지척이다. 매일매일 심심한 고양이가 턱을 괴고 우리를 보고 있었다. 나는 기타를 연주했고 지인들은 담소를 나누며 흥얼흥얼 노래를 따라 불렀다. 숲에서 불어오는 선선한 바람과 풀벌레 소리와 함께한 노래는 하모니를 이루어 바다로 흘러들었다. 밤이슬이 시려 주섬주섬 일어날 때서야 고양이는 슬그머니 일어나 엉덩이를 얌전히 흔들며 사라졌다.

한 시간은 족히 지난 것 같다. 별보다 반짝이는 광채를 내뿜던 눈은 삼킬 듯 우리를 바라보았다. 어쩌면 처음 들었을 기타의 선율이 신기했을까. 고양이는 어떤 생각을 했을까. 앉은 자리에서 꼼짝하지 않던 모습이, 잊지 못할 밤을 보낸 게 분명하다.

단 한 개뿐인 VIP석에서 공연을 본 고양이는 썩 만족스러웠나 보다. 다음 날 아침, 현관 앞에 쥐 한 마리가 놓여있었다. 고양이는 자신을 위해 사람들이 공연을 했다고 생각했나 보다. 한여름 밤의 깜짝 공연쯤으로 생각했을까. 받아보고 만족스럽지 않으면 반품하라는 광고가 생각났다. 만족스럽지 않았으면 콧방귀를 끼고도 남았을 영리한 고양이 같아 더 기분 좋다. 최고의 관람료를 후불로 받았으니.

당첨되다

길게 늘어선 줄 맨 끝에 선다. 초등학교 담벼락을 끼고 도는 것이 백 미터는 될 것 같다. 저승 문 입구에서도 이리 줄을 서야 할까. 벽을 타고 힘겹게 올라가는 담쟁이넝쿨을 바라본다. 위만 보고 악착같이 가는 것이 우리와 닮았다. 차가운 바람이 불어 모자를 꾹 눌러쓴다. 눈앞에 펼쳐진 현실이 바로 보인다. 잠시 다른 세상에 다녀온 듯 멍하다.

고열에 시달려 밤을 새고 병원에 가니 진료를 해 줄 수 없단다. 간호사는 체온 잰 손을 쓱쓱 소독하고 내가 서있던 자리에 소독약 스프레이를 뿌리더니 빨리 나가라고 재촉한다. 세균 덩어리가 되어 돌아 나오는 기분이 묘하다. 열이 나서

갔는데 열이 나니 들어올 수 없단다. 보건소에서 코로나 음성 확인서를 받아야 병원에 갈 수 있는 세상이 돼버렸다. 하루를 또 어떻게 견뎌야 할지.

확인서를 받기 위해 한 시간짜리 줄을 서야 하고 검사 결과가 나오기까지 하루를 기다려야 한다. 진땀이 흐른다. 내가 많이 아프니 앞으로 좀 보내달라고 사정을 하고 싶지만 그만둔다. 모두 앞사람의 머리통을 생명줄처럼 붙들고 서있다.

드디어 내 차례다. 보건소 직원이 신분증을 내놓으라 한다. 이곳에 와서 줄을 설 거라 생각도 안 하고 나왔는데, 또 한 시간을 서있었는데, 나라는 것을 확인할 신분증을 가지러 집에 가야 하다니 머리가 하얘진다.

상태가 나빠 보였는지 선심을 쓰며 후알카드를 보여 달라고 한다. 본인 확인을 해야 한단다. 무슨 말이냐고 묻는 나를 째려본다. "후알카드 몰라요?" 그게 뭐냐 했더니 후려칠 기세다. 뒷사람이 쿡쿡 찌르며 말한다. "큐알 코드요." 흐릿한 내 의식 탓인지 보건소 직원의 두꺼운 플라스틱 마스크 탓인지는 모르겠다. 휴대폰을 꺼내는 손이 후들후들 떨린다.

젊은 간호사는 붉은 약물이 들어있는 작은 병을 건네준다. 병 속으로 기다란 면봉을 넣고 휘젓더니 약병을 들고 있으라 한다. 도와 줄 양으로 들고 있던 뚜껑을 쓰레기통에 버렸더니 호통을 친다. 약물을 적신 면봉으로 콧구멍을 후벼 다시 병에 적셔 뚜껑을 닫고 보관한다는 것을 몰랐다. 쓰레기통에 던진 뚜껑을 집으려 하니 거긴 손대면 안 된다고 또 고함을 지른다. 이내 새 것을 꺼내더니 붉은 약물이 든 병을 버리고 그 뚜껑으로 내 병을 닫는다. 멍청하니 국세를 낭비한다. 빨리 꺼지라는 눈빛이다. 여기저기 시끌벅적 난리통이 아니었으면 얼마나 우세스러웠을까. 사람들은 구경거리를 놓쳤다.

 휴대폰이 부르르 떤다. '걸렸다.'고 온몸으로 알려준다. 역시 스마트 폰이다. 열 명 중 한 명꼴이라는데 당첨된다. 나는 유행을 싫어한다. 그것은 심지 굳은 사람이 하는 일이 아니라고 생각했다. 나를 그 반열에 올려놓았지만 몸은 유행하는 색깔의 옷도 신발도 걸쳐보고 싶었는지 모른다. 뻣뻣한 의식이 '안 돼.'라고 차단한 거다. 내 몸은 유행에 민감하게 반응하는 편이라는 것을 이제야 알게 된다. 세계 유행색 협회에서 올해의 유행은 보라색으로 정했다 하니 눈을 돌려봐야겠다.

 병원에서 매일 전화가 온다. 죽어가는지 나아가는 중인지 확인하는 것 같다. 대문 앞에 약봉지가 걸려있고 구호품이 박스때기로 온다. 밥하지 않아도 살이 포동포동 오른다. 한 솥 끓여 놓은 미역국에 구호품으로 온 햇반을 먹는다. 저녁에는 컵라면을 먹으면 되니 할 일이 없다. 밥 먹고 약에 취해 잠만 자고 나니 이삼 일이 후딱 지나간다. 조금씩 나아진다. 죽지는 않겠다.

창 너머 사람들이 움직이는 것을 구경한다. 영화 속의 '나' 같기도, 영화를 보는 '나' 같기도 하다. 정해놓은 법이라는 것이 우습기도 무섭기도 하다. 어제도 걸어 다닌 저 길을 일주일간 절대로 디디면 안 된다. 만일 지진이 난다면 딱 이곳만, 혹은 저곳까지만 날 것 같다. 집에 불이 나도 꼼짝하지 않아야 될 것 같은 나는 바보인가 뼛속까지 모범생인가.

앞집 아이가 큰길가에 서서 유치원 버스를 기다린다. 책가방을 메고 뛰어가는 어린아이들의 웃음소리가 들린다. 지팡이를 짚고 걸어가는 노인과 택배 기사의 바쁜 몸놀림, 나도 곧 저들의 무리에 휩쓸려 휘청휘청 바쁘게 걸어 다니겠지. 임박해진 외출이 설렌다.

친구들과 어울려 식당에 가 수다를 떨고 상추에 싼 삼겹살을 볼이 미어지게 먹을 생각, 이런저런 고민에 잠겨 카트를 끌며 장을 볼 생각, 달달한 과일을 한 봉지 사고 푸릇푸릇한 채소와 아가미 붉은 생선을 사서 식탁 위에 올려놓고 바쁘게 저녁 준비를 할 생각, 이런저런 일상을 떠올리며 미리 기뻐한다. 일주일의 격리가 내게 준 선물이다.

그래도 나대지는 말자. 창가에 서서 나를 바라보는 이들도,

소소한 일상을 마주할 수 없는 이들도 있을 테니.

3부

위대한 침묵
기억 수거함
당신 근처
내게는 소중한
모를 일
오래된 목구멍의 가시
쓸쓸한 이야기
미안해야 하나
덕용이 양말
말 없는 것들에 대한 생각
관계와 간계

위대한 침묵

    수영만 요트장 내 후미진 곳에 시네마테크가 있었다. 어깨를 낮추고 서있는 소박한 영화관이다. 이른 새벽부터 먹이를 구하러 온 까치들의 왁자지껄한 소리가 우울하게 들리는 날, 혹은 아파트 화단의 그늘진 곳에 집을 짓는 거미들의 움직임마저 경쾌해 보이는 날은 시네마테크에 갔다.
    영화표를 산다. 그 시간에 볼 수 있는 영화는 딱 한 편이다. 작은 로비의 한편에는 과자나 컵라면을 파는 곳이 있다. 학교의 매점처럼 소박하다. 상영 시간을 기다리며 창가의 자리에서 한가로이 떠있는 요트를 바라본다. 구부정한 노인이 과거에서 걸어 나와 한 개뿐인 상영관 앞에 선다. 영화표를 받은 노인은 우리가 자리를 찾아 앉을 때까지 기다렸다 한 번 휘둘러본 후 커튼을 닫고 나간다. 화려하지 않고 느린 곳, 혼자 가는 것이 더 좋은 유일한 곳이기도 했다.

160분 동안 한마디 대사도 없는 영화를 보았다. 필립 그로잉 감독의 '위대한 침묵'은 영화라기보다 다큐 영상이었다. '위대한 수면'이 되기도 한다는 우스갯소리도 있다. 16년을 기다려 촬영을 허락받은 감독은 6개월 동안 수사들과 함께 생활하면서 이들의 침묵과 기도에 방해가 되지 않게 숨을 죽이고 카메라를 돌렸다.

카르투지오회 수사들이 모여 사는 사르트뢰즈 수도원은 해발 1,300m, 알프스 산속에 있다. 가톨릭에서도 가장 엄격하여 방문객들이 출입할 수 없고 외부와의 접촉도 허락되지 않는다. 그들은 기도와 침묵으로 일주일을 보낸다. 하루 세 번, 삼종기도의 종이 울리면 모여서 기도하고 다시 혼자의 방으로 돌아와 침묵 속에서 그들의 신을 만난다. 수사들이 하루 동안 들을 수 있는 것은 기도를 알리는 종소리와 자연의 소리뿐이다. 식사 시간이 되면 채소와 담백한 빵이 각자의 방으로 보내진다. 꿇어앉아 기도를 하든 잠을 즐기든 그들의 선택이다.

머리를 하얗게 밀고 검은 수사복으로 갈아입은 신참의 수사가 방을 배정받았다. 한번 들어오면 죽어서야 나갈 수 있는 곳이다. 가족과 친구들과의 영원한 이별을 어떻게 감당하고 왔을까. 바리깡이 한차례 자나가고 뭉텅뭉텅 머리카락이 바닥에 툭, 툭 떨어지면 젊은 수사의 눈자위가 그렁그렁해진다.

청년은 책상 위에 덩그러니 놓인 기도서를 하염없이 바라보다 창가에 앉아 또 하늘을 본다. 우주보다 깊고 넓은 곳에 혼자 있는 느낌이 아닐까. 그는 스스로 걸어들어 온 독방에서 하루, 또 하루를 보낸다. 세속의 모든 것을 털어내는 고된 작업이었으리라.

그렇게 일주일을 보내고 시끌벅적 열대여섯 명 수사들이 모두 모인다. 참고 있던 이야기를 털어놓으니 수다가 된다. 나이 지긋한 수사들은 가까운 마을로 소풍을 가고 젊은 수사들은 눈썰매를 타러 산으로 간다. 수도원 아래에 위치하지만 산속 깊은 마을로 소풍 나온 수사들은 해가 잘 드는 곳에 앉아 유치원생처럼 종일 떠들며 웃는다. 젊은 수사들은 손으로 만든 썰매를 메고 한껏 들떠 눈이 쌓인 언덕으로 간다. 경사가 가파른 곳에서 썰매를 타고 내려오며 깔깔 웃는 모습이, 빨래판을 놓고 미끄럼을 타던 우리들의 어린 시절 모습과 다르지 않았다.

천진한 아이로 돌아가 하루를 잘 놀고 해가 질 때쯤 삼삼오오 돌아와 다시 혼자만의 시간으로 돌아간다. 방으로 가는 젊은 수사의 뒷모습에는 깊은 고독이, 노수사의 모습에는 잔잔한 평화가 흘렀다.

"하느님이 당신을 가장 잘 느끼게 하시려고 내 눈을 보이지 않게 만드셨습니다. 나를 이롭게 하려고 장님을 만드셨지요. 감사할 뿐입니다."

앞이 보이지 않아 지팡이를 짚고 다니는 노수사의 말이다.

자꾸만 자라는 머리를 밀고 또 민다. 텃밭에는 몇 가지 채소가 때 묻지 않은 바람과 햇살 아래서 그들만큼이나 진지하고 수수하게 자라고 있다. 장작을 패고 옷을 만들고 제단의 먼지를 닦는 일도 기도의 일부다. 인내와 노동을 통해서도 그들은 신을 만나고 있었다.

'위대한 수면'이라는 말이 무색하지 않게 영화를 보는 동안 여기저기 코고는 소리를 들을 수 있었지만 잠들지 않았던 관객들은 영화가 끝난 후에도 일어나지 않았다. 강렬한 의미 전달은 말이라는 매개가 아니라 침묵이라는 것, 더 나아가 신에게 온전히 자신을 맡긴 사람들의 평화스러운 침묵이 우리를 감동시켜 그 자리에서 꼼짝달싹할 수 없게 만든 것이다.

"언어가 사라진 뒤에야 비로소 보기 시작한다."

감독의 말이다.

영화를 보고 집으로 걸어가는 바닷길. 고래가 춤추었을 태평양의 검은 바다 끝자락. 거대한 바다가 고요하다. 위대한 침묵이다.

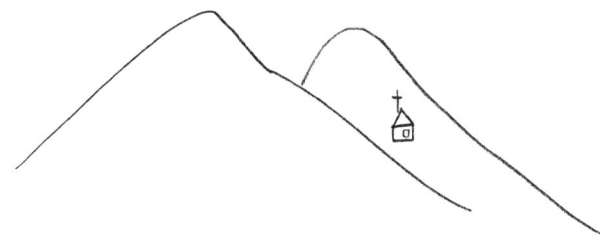

기억 수거함

전기밥솥이 고장 났다. 꼭두새벽, 햇반을 사러 편의점에 달려갈까 생각하다 그만둔다. '엄마의 솥이 있었지.' 싱크대 가장 구석에 있는 압력솥이 생각났다. 잠자던 낡은 솥이 부스스 눈을 떴다. 오랜만이다.

새벽 잠결에 들려오던 밥솥 뚜껑의 추 소리와 조용하면서 바쁘게 움직이던 엄마의 발소리가 들리는 듯하다. 아침에 일어나면 '밥 먹어라', 직장에서 돌아오면 밥 먹으라던 엄마의 말이 듣기 싫었다. 차려놓은 밥상 앞을 못 본 척 지나가기도 했다.

가스레인지에 올려놓은 솥의 추가 천천히 돌기 시작하더니 점점 빠르게 빙글빙글 춤을 춘다. 불을 낮추고 일 분쯤 지나자 빨간 추는 더 낮추라고 오두방정을 떤다. 어느 시점에서 불을 끄면 엄마의 밥처럼 되는지 물어보고 싶다. 빙긋이 웃으며 옆에 서 있을 것 같아 '엄마.' 하고 불러본다.

엄마가 돌아가시고 유품을 정리했다. 몇 안 되는 옷가지와 작은 천 가방, 아껴놓은 새 양말, 염주 팔찌가 나왔다. 차마 버릴 수 없어 가지고 왔다. 가끔 상자를 열어 그 속에 얼굴을 묻고 희미하게 묻어나는 엄마의 냄새를 맡았다. 슬픔이 도망가지 못하도록 부둥켜안고 있는 모양새였다.

며칠 후, 끌어안고 있던 옷들을 헌옷 수거함으로 가져갔다. 의식을 치르듯 천천히 한 벌씩 집어넣었다. 통 속에 누가 있어 잡아당기기라도 하는 듯 옷은 잘도 미끄러져 들어갔다. '잘했어.' 엄마 목소리가 들리는 것 같았다.

계절이 바뀔 때면 옷을 정리해 헌옷 수거함으로 가져간다. 편식하지 않는 순한 수거함은 큰 입과 배만 있다. 옷을 넣고 돌아오는 마음이 홀가분해 뒤돌아본다. 덩치 큰 통은 아무것도 안 먹은 척 능청스럽다.

잊고 싶은 기억들을 넣어버리는 수거함은 없을까. 마음에 남은 상처도 꺼내어 넣으면 쓱, 받아 삼키는 인심 좋은 커다란 통이 있으면 좋겠다.

기억 수거함 _ 105

버리고 싶은 기억이 있냐고 친구들에게 물었다. 잠시 생각에 잠기는 듯 먼 곳을 바라보던 친구가 말했다. 가난했던 어린 시절을 잊고 싶다고 했다. 김치 국물이 밴 교과서가 창피했다. 점심시간이면 못생긴 김치만 달랑 내놓는 마음이 부끄러웠단다.

'파란만장'이라는 말이 없으면 표현할 길이 없다는 또 한 친구는 지나온 삶을 통째로 잊고 싶다고 말하며 쓸쓸하게 웃었다.

그날 우리는 감춰 둔 사연들을 끄집어냈다. 주고받은 말의 상처, 이별의 상처, 가난 때문에 받은 상처들이 가슴마다에 그대로 쟁여있다 줄줄이 쏟아져 나왔다. 아픔은 아픔대로, 아프지만 아름다운 기억은 또 그것대로 정리를 했다. 그 외 잡동사니는 봉투에 넣어 발로 꾹꾹 밟고 테이프로 칭칭 감아 소각장으로 보냈다. 아줌마의 힘은 이렇게 근사하게도 사용되었다.

중학교 시절, 담임 선생님은 통지표를 부모님께 보여드린 후 도장을 받아오라고 했다. 점수가 뚝 떨어진 성적표를 어떻게 보여드릴까 밤새 고민을 했는데 아버지는 아무 말도 없이 도장을 찍어주셨다. 난감함이 안도감으로 변하던 순간이었다.

그날 우리의 마음은 새털처럼 가벼워졌다. 드러내놓은 아픈 사연과 기억들은 빛나는 훈장으로 변했다. 느슨하지만 정직한, 색깔을 알 수 없는 끈이 우리를 묶어놓았다. 우리 모두는 서로의 기억 수거함이 되어 주었다.

　남편이 중학교에 다닐 때였다. 어머니는 자취하는 아들을 위해 총각김치를 담았다. 뚜껑이 있는 플라스틱 통이 귀했던 시절이라 작은 항아리에 물씬 익은 김치를 담아줬다. 아이는 시외버스를 타고 짐칸 선반에다 김치 항아리를 올려놓았다. 비포장도로에서 김치 항아리가 바닥으로 내동댕이쳐졌다.

　"그래서 어떻게 됐는데?"

　웃음을 참으며 묻는 내게 알아서 상상하라고 말하며 얼굴을 비빈다. 지금 생각해도 얼굴이 빨개지나 보다. 사춘기의 남자 중학생이 감당하기에 가혹한 사건이었다. 아마도 남편에게는 기억 수거함에 넣어버리고 싶은 일 순위의 일이 아닐까. 그러나 나는 남편의 이야기를 추억으로 분류한다.

　오늘 아침에는 압력솥의 빨간 추가 왈츠의 음률로 평화롭게 빙글빙글 돈다. 주방에서 내려다보이는 큰길가에는 헌옷 수거함이 딴청을 피우며 서있고 나는 울컥 그리워지는 기분이 된다.

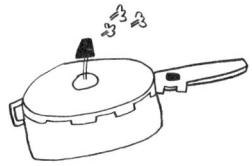

기억 수거함 _ 107

당신 근처

 문자가 들어온다. '커피 트렁크로 오세요.' 해지고 낡은 트렁크처럼 지은 빈티지 커피숍에 들어선다. 넓은 가게에 손님이 딱 한 사람 있다. 머리가 희끗한 주인이 반가운 얼굴로 카운터 앞에 선다. 커피를 마시려고 온 게 아니라서 미안하다.
 걸레질을 하던 젊은 여자가 눈인사를 하며 다가와 선반에서 책을 꺼내준다. 국어사전이다. 사전은 생각했던 것보다 가격이 비싸 사는 것을 미루고 있었다. 더구나 휴대폰을 열면 모르는 단어나 헷갈리는 말도 상세히 알려주니 그리 아쉽지 않았다. 좀 싸게 살 수 있는 방법을 찾는다. 밥값이나 커피값은 인심이 후한데 사전 앞에서는 늘 쪼잔하다.

혹시나 하고 당근마켓을 열어 '국어사전'을 입력하니 몇 개가 뜬다. 여기도 '다이소'처럼 없는 게 없다. 깨끗하고 가격 적당한 것을 골라 채팅한다. 커피숍에서 알바를 하는지 집근처 커피 트렁크에 오라고 문자가 온다. 날짜와 시간을 정하고 만나 물건을 받고 돈을 건넨다.

먼지 앉은 비닐 껍질을 벗기니 새 책이다. 깊이 잠든 사전을 깨운다. 손때가 묻지 않은 두꺼운 책 옆면을 엄지로 훑으니 '촤르르' 기분 좋은 소리가 난다. 단돈 오천 원에, 횡재한 마음까지 합치니 소리마저 경쾌하다.

학교를 졸업하고 이제 공부할 일이 없다며 허름한 사전부터 댕강 갖다 버렸다. 막내인 나는 언니 오빠가 쓰던 책을 물려받았다. 책장에 꽂혀있던 사전은 낡고 삐딱하고 너덜너덜했다. 언니 오빠 중 누군가 밤샘 공부를 하며 엎드려 흘렸을 침 자국이 있던 늙은 사전이 오늘은 참 그립다.

그 시절에 당근마켓이 있었으면 우리는 무엇을 팔고 무엇을 샀을까. 새 학년이 시작될 때는 깨끗이 입었다는 글을 달고 올린 교복이 불티나게 팔렸을 것이다. 체육복 살 돈이 없어 체육시간마다 다른 교실을 뛰어다니며 빌려 입던 친구가 있었다. 체육복도 헐값에 살 수 있지 않았을까.

헌책방처럼 당근마켓이 있었으면 좋았을걸. 아끼다 쓰지

못한 열쇠 달린 일기장이나 공책 볼펜 샤프연필 샤프심도 단골 메뉴였겠지. 지금은 무료 나눔을 해도 가져가지 않을 학용품들이다. 체육시간이 있는 요일이면 근심 가득한 얼굴이던 그 친구의 마음도 좀 가벼웠을라나. 가난했던 시절은 물건이 귀하니 싸게 살 수 있어 좋았을 테고 지금은 집집마다 물건이 넘쳐나 요긴하게 처리할 수 있어 마뜩한 상거래다.

 나도 슬쩍 발을 담근다. 이것저것 구경하다 마음에 드는 물건을 찾으면 당근앱에서 채팅을 한다. 날짜와 시간을 맞춰 만나 주고받거나 계좌이체를 하고 대문 앞에 놔둔 것을 찾아오기도 한다. 군더더기 없고 바쁜 요즘 사람들에게 딱 맞아떨어지는 시장이다. 당신 근처를 줄인 말 당근, 누가 이리도 삼박하고 따뜻하기까지 한 이름을 지었을까.

 초등학생일 때 홍역을 앓았다. 열이 오르면 온몸이 끝없이 아래로 떨어지는 꿈을 꾸었다. 어쩌면 죽을지도 모른다는 두려움과 신열로 꼬박 밤을 샐 때 부엌에서 흰죽을 쑤는 엄마의 기척을 들었다. 엄마는 동그란 스텐 쟁반을 들고 올 것이다. 쟁반에는 김이 나는 하얀 죽과 까만 간장이 든 작은 종지가 있을 것이다. '아, 그 안도감이란….'

 사람들이 북적대는 바닷가에 세 식구가 나들이를 나왔다. 너덧 살쯤 보이는 어린아이가 모래사장으로 달려간다. 뒤를 돌아보지도 않고 횡하니 뛰어가는 아이를 엄마가 조용히 바라본다. 사람이 많은 바닷가에서 인파에 섞이면 잃기 십상인데 그들은 덤덤하다. 아이도 불안하지 않다. 엄마 아빠가 근처에서 나를 바라보고 있다는 믿음이 있다. 부모는 한시도 눈을 떼지 않는다. 한참을 놀던 아이가 두리번거리며 엄마를 찾는다.

"여기 있어."

손을 흔든다. 활짝 웃으며 달려오는 아이를 아빠가 안아준다. 아이는 엄마 아빠가 근처에서 지키고 있다는 것을 안다. 든든한 '백'이다. 나는 이 풍경의 결말이 보고 싶어 자리를 잡고 앉아있다. 짧은 영화를 보는 듯 소소한 기쁨, 게다가 해피엔딩이다.

호스피스 봉사를 한 적이 있다. 매일 아침 신선한 우유를 받아먹던 환자는 고등학교 한참 후배였다. 흰 우유 한 팩을 오래도록 마시던 후배는 그 액체가 몸속의 암 덩어리를 다 쓸어내리기라도 하는 듯 비장한 얼굴로 천천히 마셨다. 나는 후배가 다 마실 때까지 근처에서 기다렸다. 일주일을 혼수상태에 있을 때도, 가벼운 몸이 한 줌 재가 될 때도, 근처에서 서성이고 있었다.

후두암에 걸려 말을 할 수 없는 남자가 있었다. 그 병은 냄새가 지독해 병문안을 오던 지인들이 발길을 끊었다. 심심하고 암담한 그와 나는 메모를 하며 이야기를 나누었다. 티브이를 함께 보면 정치 이야기를 하느라 메모장에 바쁘게 날려 쓴 글씨는 알아볼 수도 없었다. 악취든 향기든 그 속에 머물다 보면 아무 냄새도 맡을 수 없다는 것을 그때 알았다. 눈에 콩깍지가 끼는 것처럼 코에도 깍지가 끼나 보다. 통증이 와 간호사가 달려오면 나는 문 앞에서 그 사람을 바라보며 서성이고 있었다. 아픈 중에도 미소를 머금고 바라보던 그 사람도 오래전 우리가 모르는 곳으로 떠났다.

  당근은 곁으로 들어가 조심스럽게 자리 잡고 요리를 빛낸다. 약방의 감초처럼 많이 쓰이지만 얄밉지 않다. 당근의 본디 뜻이 당신 근처가 아니었을까. 오늘은 냉장고 서랍에서 쪼글쪼글 새들해진 착한 당근을 꺼내 아무 요리라도 해야겠다. 마음이 따뜻해질 것 같다.

  가만히 불러본다. 입꼬리가 요란스럽지 않게 올라가니 모나리자의 웃음처럼 알 듯 말 듯 속을 감출 수도 있겠다. 카메라 앞에서 치즈나 김치 대신 불러도 좋겠다. 당~근.

  사전을 옆에 두고 글을 쓴다. 오천 원어치 격조가 올라간다. 당근이다.

내게는 소중한

성가시다. 공손히 받아서 소중하게 가방에 넣을 때만 해도 그런 맘이 아니었다. 머리를 굴려본다. 다음에 또 볼 사람인가, 도움이 될 사람인가. 쓰레기통에 던졌다 다시 꺼낸다. 잘 모르는 사람에게 미안한 이 마음은 뭔가. 정말이지 성가시다.

거실 바닥에 네모난 종이가 떨어져 있다. 발로 살짝 밀어버리다 착하게 웃고 있는 사진에 눈이 가 멈칫한다. 세탁기를 수리한 기사가 놓고 갔다. 고객의 따뜻한 미소가 어쩌고 적혀 있다. 명함을 만들 때의 마음을 짚어본다. 감동을 주는 글귀와 어떤 사진을 넣을 것인가 고민했을 것이다.

첫 직장에 취직했을 때의 아들 생각이 났다. 팔십 프로 할

인하는 아울렛 매장에서 짙은 감색 양복을 한 벌 샀다. 실력에서는 밀렸을 테지만 착하고 솔직한 청년을 회사에서 뽑아준 걸로 알고 있다. 싸움에서 이기고 받은 훈장, 명함을 내밀던 아들의 손과 받아드는 내 마음이 오고갔다. 아들은 흥감한 나머지 코를 벌름거렸고 나는 울 뻔했다. 빳빳하고 작은 종잇장 하나가 천국의 티켓인 양 싶었다.

모르는 새 쓰레기통에 던져졌을 아들의 명함이 가슴 아프다. 그러나 소중하게 받아 지갑에 넣어두었을 몇 사람이 있어 고맙다. 나를 알리기 위한 작은 도구며 희망이며 살아가는 방도다. 젊은이의 명함이 소중히 다루어지면 좋겠다.

이름을 건네주는 사람의 얼굴을 바라보기로 마음먹는다. 조금은 자랑스럽게 때로는 쑥스럽게 명함을 꺼내어 건네주는 손에는 다시 연결되기를 바라는 마음이 담겨있다. 마음을 짚어본다는 말은 배려한다는 말이다. 그이의 역사를 짚어본다는 말이다. 성가시던 마음이 사라진다. 잘 모르는 사람의 명함을 담을 작은 상자를 찾아본다.

내게는 건네줄 명함이 없다. 신발을 벗어 가지런히 놓고 자고 일어난 이불을 반듯이 개킨다. 벗어 놓은 옷을 얌전히 접는다. 서랍을 정리한다. 매일 만들어지는 내 명함이다.

모를 일

 김치가 어떻게 됐을까. 바깥 베란다 항아리에서 겨울을 보낸 김치가 궁금하다. 지나다니며 흘깃 곁눈질로 바라보면서도 기대는 했나 보다. 양념을 바르는 둥 마는 둥 대충 버무려 욱여넣고 입구를 꽉꽉 봉했다. 효자김치가 될지 애물단지가 될지 모르지만 더워지기 전에 개봉할 것이다.
 작년에도 기대를 듬뿍 안고 김칫독을 열었다. 묵은내가 훅 올라왔다. 얼음처럼 '쨍'한 것이 어릴 때 먹은 엄마김치 맛이다. 장독을 구운 흙과 햇살과 바람의 합작품인 그 맛은 시간이 지나 뚜껑을 열어봐야 안다.
 키가 작고 다부진 토마 씨는 늘 바쁘다. 오래전부터 노숙자들에게 밥을 지어준다. 밥때가 되면 한 줄로 길게 늘어선 사람들에게 농담을 하며 밥을 건넨다.

주말이면 늘 그 자리에서 밥을 하고 국을 끓인다. 배고픈 사람들은 강렬하고 황홀하기까지 한 음식 냄새를 맡으며 순서를 기다린다. 밥을 배급 받고 수저를 드는 그들은 수라상이 부럽지 않다. '천천히 묵으소, 체할라.' 등을 토닥이며 인사를 나누고 안부를 묻는 그에게 어떻게 이 일을 시작했냐고 물었다.

형님이 한 분 있었다. 어느 날 집을 나간 후 소식이 없었고 몇 년이 지난 후 경찰서에서 연락이 왔다. 그리고 서울역에서 그리 멀지 않은 병원의 영안실에 싸늘하게 누워있는 시신이 형님이라는 것을 확인했다. 집을 나간 후 역전을 전전하며 노숙을 하다 숨을 거두었다.

배부르게 먹고 따뜻하게 잠을 잔 것과 배고픈 아들에게 밥 한 끼 못 해 준 것이 죄가 된 엄마의 오열을 보았다. 이후로 그는 굶는 사람에게 밥을 지어주었다.

그는 매주 시각 장애인의 미사에 간다. 집에서 한 시간도 넘게 가야 하는 성당이지만 한 번도 빠지지 않았다. 미사를 드리는 동안 일어섰다 앉기를 반복하니 균형 감각이 약한 시각 장애인들이 쓰러지기도 한다. 혹시 일어날 사고에 대비해

뒷자리에 서서 미사를 드린다. '쿵.' 쓰러지는 소리가 나면 달려가 업고 병원을 향해 뛴다. 토마 씨의 이마에 땀이 송송 맺혀있다 또르르 굴러 땅으로 떨어진다.

몇 년 전 남편이 세상을 떠나 혼자가 된 지인이 허름한 동네 시장 입구에 작은 가게를 냈다. 가게 앞에는 구순이 다 된 할머니가 농사지은 채소를 소쿠리에 담아 팔고 있었다. 그는 햇살이 강한 날에 할머니의 머리에 모자를 씌워준다. 한여름 뙤약볕에 앉아있는 할머니를 불러 에어컨 아래 앉아계시라 한다. 고마운 할머니는 채소를 한 소쿠리 담아 건네주지만 한사코 손사래를 친다. 밀고 당기는 모습이 몸싸움을 하는 것 같다. 지나가는 사람들이 바라보다 싱겁게 웃으며 지나간다.

그는 기도를 시작했다. 첫새벽이면 떠오르는 해를 만나러 옥상으로 간다. 장엄하게 솟는 해를 보며 마음을 다해 기도한다. 병을 앓고 있는 이웃 동생과 가난한 친구의 이름을 순서대로 읊는다.

"이 옥상이 나중에 성지가 돼 있겠네."

웃으며 말하는 나를 툭, 친다. 가슴이 뭉클하다.

이웃집 나이 많은 며느리가 혼자 계신 시어머니를 위해 반찬을 만든다. 맛나게 드실 것을 기대하며 양손 가득 들고 간다. 걷다 쉬어가는 길에서 주먹으로 아픈 허리를 툭툭 친다.

장수하는 시어머니는 반찬과 함께 딸려온 며느리의 온기로 서러운 마음이 녹는다.

잘 차려입은 청년이 쇼핑백을 들고 버스에 탔다. 잠시 후 청년은 다급하게 소리쳤고 승객들은 모두 한 곳을 바라보았다. 종이로 만든 쇼핑백 안에 세워둔 커피가 쏟아지고 쇼핑백이 터지면서 금방 바닥이 흥건해졌다. 서있던 사람들은 청년을 아래위로 훑어보며 옆으로 피하고 난감한 청년은 어떻게 해야 할지를 몰랐다. 옆에 서있던 아주머니가 얼른 가방에서 손수건과 티슈를 꺼내 청년에게 건넸다.

다림질 되어 반듯한 손수건이 바닥을 훑어 걸레가 되었다. 청년이 손을 멈추고 그 사람을 보았다. 손수건은 이미 걸레가 되어 있었다. 다음 정거장에서 내리는 아주머니의 표정이 밝다. 나는 이 작은 고마움이 청년의 마음에 오래 남아 민들레 홀씨처럼 퍼지기를 바라며 아주머니의 뒷모습을 오래 바라보았다.

토마 씨가 흘린 땀방울과 매일 옥상에 올라가 떠오르는 해를 보며 기도를 하는 정성, 노인이 드실 음식을 만드는 마음, 난감해하는 청년에게 손을 내미는 따뜻함, 이 모든 것이 연기처럼 사라지지 않을 거라 믿는다. 돈으로 계산되지 않은 일은 씨앗으로 심어지겠지, 씨앗을 뿌리는 마음은 설렌다. 살아있는 땅이 화답하기를 기대한다.
　더워지기 전에 김칫독을 개봉해야지. 어떤 맛일까 궁금하다. 뚜껑을 열기 전에는 모를 일이다.

오래된 목구멍의 가시

휠체어에 탄 할머니가 손 율동을 하며 노래를 부른다. '나리나리 개나리 입에 따다 물고요 병아리 떼 뿅뿅뿅 봄나들이 갑니다.' 진노란 둥근 달이 어찌나 낮게 떠있는지 물속으로 빠질 듯 위태로워 보이던 송정 바닷가의 풍경이다.

노래를 하던 할머니는 93세, 딸은 64세, 또 그 딸은 36세, 3대가 나란히 바닷가에 산책 나왔다. 치매에 걸려 똑같은 노래를 반복하는 할머니의 천진한 얼굴을 중년이 되어가는 손녀가 웃으며 바라보고 있었다. 어렸을 때 할머니가 늘 불러주던 노래라고 했다. 착한 그녀들이 밤 소풍을 나온 날 달빛도 내려와 함께 놀고 있었다.

아주 오래된 내 기억 속에도 아랫목처럼 따뜻한 외할머니가 있다. 할머니는 치매에 걸리고 이삼 년을 더 사셨다. 요즘은 요양원으로 모시지만 그때만 해도 노망이니 망령이라는 말을 써가며 니미락내미락 모시기를 겁나하던 때였다.

내가 어렸을 때 외할머니는 가끔 우리 집에 오셨다. 할머니가 오시는 날에 엄마는 부산역에 마중 나갔다. 혼자서 어떻게 다 들고 오셨나 싶게 할머니와 엄마의 손엔 크고 작은 보따리가 몇 개나 들려있었다. 나는 흥부네 지붕 위의 박을 보듯 기대에 부풀어 보따리들을 바라보았다. 한차례 할머니와의 포옹이 끝나고 나면 무대 위의 막이 오르듯 보따리들이 풀어진다.

맨 처음, 분홍 연두 노란색 까실한 천을 팔각형으로 잘라 만든 상보가 나왔다. 얼마나 반듯하고 고운지 구겨질까 조심스럽게 만져보았다. 연이어 할머니가 입던 옥색 한복 치마를 잘라 허리에 고무줄을 넣어 만든 월남치마와 알록달록 폭신한 버선이 나오고 자투리 천으로 만든 것 같은 보자기도 있었다. 또 다른 보따리에서는 아직도 식지 않은, 참기름 냄새 그윽한 절편이 나왔다.

시끌벅적 언니 오빠들이 학교에 가고 나면 할머니는 엿을 만들었다. 엿기름 씻은 물에 찹쌀밥을 넣어 아랫목에 두고 한

잠 자고 일어나면 밥알이 동실동실 떠있었다. 하얀 물만 걸러 솥에 붓고 나무 주걱으로 오래 저으면 말갛던 물이 갈색으로 변해 걸쭉해지는 것을 구경했다. 한차례 열기를 식혀 새알처럼 조그맣고 동그랗게 빚어서 구경하고 앉은 내 입에 넣어주면 나는 제비 새끼처럼 옴실옴실 받아먹었다. 푸석하고 하얀 가루가 갈색 엿이 되는 것이 신기했다. 할머니와 단둘이 있을 때 흐르던 아기자기하고 나른한 고요는 너무 평화로워 졸음이 올 지경이었다.

내가 고등학생이었고 마지막으로 우리 집에 오셨을 때 할머니는 노망이 났다고 했다. 그때는 치매를 노망이니 망령이라고 했다. 나는 할머니에게 데면데면했다. 뚜껑 달린 요강 한 개를 가지고 오신 할머니는 밤에도 몇 번을 일어나 요강에 앉았다. 나는 스텐으로 만든 요강의 달그락거리는 소리와 불결한 느낌 때문에 잠을 설쳤다. 할머니는 늦은 시간까지 책상 앞에 앉아있는 내게 이제 그만 자라고 잔소리를 했다. 엄마도 어쩔 수 없었는지 외삼촌댁으로 모셔갔고 치매는 점점 더 심해졌다.

외할머니가 돌아가셨다는 연락을 받은 건 대학교 일 학년 봄이었다. 캠퍼스의 개나리가 어찌나 노랗게 피어있던지 바라보고 있으면 현기증이 났다. 그 아래 우리 신입생들은 꽃보다 더 밝게 웃고 또 웃었다. 내 심장이 쿵쾅거리고 젊음의 피가 힘차게 돌고 있을 때 할머니의 숨은 조금씩 약해지고 몸은 서서히 스러지고 있었다. 첫 중간고사를 친다는 핑계로 장례식에 가지 않았다.

엄마는 외할머니를 그리워했다. 바느질 솜씨가 얼마나 좋은지, 음식을 얼마나 맛깔스럽게 만드는지 자주 이야기했다. 그리고 내가 결혼을 하고 아이를 낳자 아이들의 잠옷과 노랑 빨강 색색실로 가장자리를 박음질한 가제 손수건과 앙증맞은 아이의 짧은 치마를 만들어 보내주었다. 이제는 가시고 없는 엄마를 내 딸이 그리워한다. 외할머니를 그리워하는 것도 대를 이어가나 보다.

받기만 하고 돌려드리지 못한 외할머니의 사랑. 후회와 아쉬움이 가슴에 남아있다. 아무리 침을 삼켜도 걸려 내려가지 않는 내 좁다란 목구멍의 가시처럼.

쓸쓸한 이야기

쌤 부라. 마르고 작고 예쁘게 생긴 남자가 불쑥 문을 열고 들어와 서있다. 감색 양복을 입고 어깨에 가방을 멘 모습이 고등학생처럼 보인다. 문 안으로 들어와 주춤주춤 허락을 기다린다.

재개발 플래카드가 걸린 동네에 연습실이 있었다. 기타쟁이들이 모여 악기를 연주하는 곳이다. 이른 저녁, 그가 조용히 나타났다. 감색 양복 속에 받쳐 입은 푸른색 셔츠는 입술 옆에 또렷이 찍힌 검푸른 점과 묘하게 조화를 이룬다. 가까이서 바라본 얼굴은 사십을 훌쩍 넘은 나이임을 짐작케 한다. 자리에 앉아 두리번거리며 음악실 안을 살핀다. 나이답지 않게 소심하다.

다음 날은 어제와 사뭇 다른 모습으로 왔다. 낡은 청바지에 하얀색 운동화를 신고 아이들이나 입을 것 같은 분홍 셔츠를 입었다. 어깨에 멘 기타보다 덩치가 작다. 기타가 그를 데리고 온 것 같은 느낌마저 든다.

조그만 손으로 기타를 퉁기며 노래를 했다. 부끄러운 듯 소심하게 시작한 노래와 연주는 클라이맥스에 달할 때쯤 공기가 쩌렁쩌렁 울릴 만큼 힘이 있었다. 우레 같은 박수를 받으며 수줍게 웃는다. 회원들이 그를 따르기 시작했다. 이름을 '쌤 부라더스'라고 불러주면 좋겠지만 그냥 수월하게 '쌤 부라'라 불러도 된다며 인심을 쓴다.

'아 엠 쌤' 미국 영화다. 지적장애와 자폐가 있는 쌤이 혼자 딸을 키우면서 벌어지는 좌충우돌 이야기다. 고만고만한 지능을 가진 네 명의 친구가 그에게 부라더스다. 그는 틈만 나면 이 영화를 본다. 그리고 볼 때마다 감동을 받는다. 혹시 치매 아니냐고 물으니 그런 것 같다며 싱긋 웃는다.

샌님처럼 생긴 그는 다재다능했고 팝송을 좋아했다. 한때는 항공회사에 근무했고 지사가 있는 미국에서 일을 했다. 어느 날 저녁 캘리포니아에 있는 팝 레스토랑에서 술을 마시다 얼떨결에 불려나가 팝송을 불렀다. 열창을 하고 나서 유명인사가 됐다며 벌름벌름 웃는다. 그가 내뿜는 끼와 실력이면 그러고도 남을 만하다. 쌤 부라가 출연한 날에는 연습실에 후끈 열기가 넘쳤다.

그는 늘 심각한 얼굴로 들어온다. 그리고 연습실 안을 휘둘러보고 장난스럽게 웃는다. 활짝 웃으며 들어오는 것보다 나중에 웃는 것이 더 반갑다. 두 가지 소식을 전할 때 어떤 것부터 먼저 할까 하고 물으면 나쁜 소식을 먼저 말하라고 하는 것과 같은 마음일 거다.

언제부터인지 그가 연습실에 오는 날이 뜸해졌다. 일이 바쁜가 보다 생각했다. 회원들도 그를 기다렸다. 발자국 소리가 나고 문을 여는 인기척이 들리면 누군가 "쌤 부라!" 하고 외친다. 쌤 부라가 아니다. 입장하는 이가 뻘쭘하다. 미안하기는 이쪽이 더하다. 은근슬쩍 쌤 부라를 기다리던 아줌마 회원은 풀이 죽었다.

장대비가 쏟아지는 어느 날 저녁, 그가 왔다. 여전히 심각한 얼굴을 하고 들어와선 밝게 웃는다. 언제나처럼 기타 연주를 하고 노래를 한다. 한참이 지나도록 꿈적 않고 기타를 연주한다. 그동안 왜 안 왔냐고 아줌마 회원이 묻는다. 대답 없이 연주를 한다.

반쯤 고개를 숙인 얼굴이 불빛을 받아 반짝 빛난다. 눈물이 콧잔등을 타고 내려온다. 울고 있다. 손은 여전히 기타를 연주한다. 정말 다재다능도 하다. 이유도 모르고 아줌마 회원이 따라 운다.

서울에서 부산으로 내려와 전 재산을 어딘가에 투자했는데 사기꾼을 만났다. 집도 사무실도 차도 넘어가고 빚더미에 앉았다. 지금 살고 있는 원룸에서도 나와야 한다.

서울에서 직장을 다니다 이혼을 하고 아들 둘은 아내가 키운다. 꽤 많은 돈을 가지고 왔다. 이곳에서 빨리 자리를 잡고 싶었다. 급하고 신중하지 못해 당한 변이다. 어딘가에서 통곡이라도 해야 숨을 쉴 수 있겠다. 폭우와 천둥 번개에 울음소리는 묻혀버린다.

연습실 근처에 허름한 방 한 칸을 구했다. 봉고차가 있는 아줌마 회원이 몇 개 안 되는 짐을 실어준다. 오고가는 길에 골목으로 난 작은 창의 불빛을 본다. 장난기가 발동하면 '쌤부라!' 하고 큰 소리로 불러본다. 드르륵 창문이 열리고 씩 웃는 그가 반갑다. '아 엠 쌤'을 보고 있다. 창 아래 곰팡이 냄새나는 방에서 쌤의 목소리가 들린다. 화면에서 쌤이 툭, 튀어나와 둘이 포옹하는 상상을 해본다. 어쩌면 쌤을 보며 힘든 현실을 극복하고 있는지 모른다.

빚을 받으러 온 사람들이 그를 괴롭히기 시작했다. 견디다 못한 그가 도망을 결심한다. 밤중에 떠나야 한다고 말하며 또 서럽게 운다. 서울에 사는 형님이 빈털터리가 된 동생을 데리러 온단다. 열쇠 놔 둔 곳을 가르쳐주며 짐을 정리해 달라고 부탁을 했다. 한밤중에 고요히 떠났다. 기약도 없다.

아줌마 회원이 솔선한다. 곰팡이 냄새 자욱한 방은 잘 정돈되어 있었다. 라면을 끓였을 냄비며 이불, 옷가지를 분리수거 했다. 성공해서 아들 둘을 데리고 올 거라던 기대는 하얀 꿈이 되어버렸다. 그의 품에서 사랑받던 기타는 연습실 구석에서 다시 오지 않을 주인을 기다린다.

그가 살던 낡은 창문 앞을 지날 때는 머릿속 와이파이가 슬며시 켜진다. 화면 속 쌤 부라가 울고 있다. 이제 그쪽을 향한 와이파이를 끈다. 쓸쓸한 영화는 그만 봐야겠다.

미안해야 하나

위 내시경이 끝났다. 간호사의 부축을 받고 진료실에 들어서자 젊은 의사는 컴퓨터 화면을 바라보며 두어 번 헛기침을 한다.

"의사로서 이런 말을 할 때는 참 힘이 듭니다."

찰나에 많은 생각이 지나간다. '내가 죽을병에 걸렸구나. 곧 내가 왔던 곳으로 돌아간다. 아, 이제 아름다운 이 세상의 여행이 끝나는구나. 맨 처음 남편에게 말을 하고 아이들에게 알리고 짐을 정리해야겠지.' 눈물이 핑 돈다.

"정밀 검사를 해 봐야 알겠지만 이 정도 같으면…."

"소화가 좀 안 될 뿐인데…."

목소리가 떨린다.

고개를 갸웃하던 의사가 컴퓨터 화면을 보여준다. 위장 벽 여기저기에 피가 흥건히 묻어있다. 혹시나 하고 조심스럽게 말을 한다.

"저… 선생님, 오늘 아침에 코피를 많이 흘렸는데 그게 넘어간 게 아닐까요."

의사가 나를 째려본다. 화가 난 것 같다. 위장약 처방전을 적어 던지듯 건네주고 격앙된 목소리로 말한다.

"다음 환자!"

죽을병이 아니어서 미안했다.

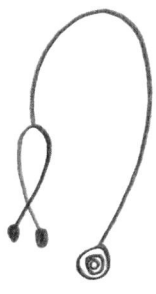

덕용이 양말

 가끔 그 아이가 생각난다. 열일곱 살 짧은 생을 살고 오래 전 우리 곁을 떠나 사람들의 기억에서 얼추 사라진 덕용이.
 아이는 걸음마를 시작할 즈음 심하게 경기를 했다. 온몸이 마비되고 뇌세포가 정지되어 세상을 떠날 때까지 두 살배기 아이의 지능으로 누워있었다. 누워서도 키가 쑥쑥 자랐고 청년처럼 힘이 세어지고 온몸은 성숙해졌다. 너무 많이 커버린 아이를 혼자서 씻기기 힘든 엄마는 목욕 봉사 해 줄 사람을 구했다. 청년이나 다름없는 아이를 목욕시키는 것이 부담스러웠지만 흔쾌히 대답했다.
 덕용이는 또래 아이들보다 키가 크고 뼈대도 굵어 목욕탕에 옮기는 일도 힘이 들었다. 커다란 수건을 목욕탕 바닥에 깔고 어른 셋이서 아이를 들어 그 위에 눕힌 후 머리를 감기고 때를 벗겼다. 그 사이 덕용이 엄마는 깨끗한 요와 이불을 준비하고 속옷이며 양말을 챙겼다. 목욕을 끝내고 나온 아들을 요에 눕혀 새 옷으로 갈아입히고 하얀 양말을 신겨 깨끗한 이불을 덮어주었다. 밤이 되면 또 잠옷으로 갈아입힌다고 했다. 엄마는 덕용이의 키가 자라고 몸이 커질 때마다 새 옷을 사러 간다고 말하며 활짝 웃었다. 누워만 있는 아들에게 외출복을 입히고 양말을 신기다니, 움직이지 못하는 아이는 편한 추리닝이나 잠옷 한 벌이면 충분하다고 생각했다.

반 년 정도를 다녔더니 덕용이는 나를 보면 환하게 웃었다. 눈과 입을 천천히 움직여 찡그리는 덕용이의 웃음을 보려면 한참 기다려야 했다. 활짝 다 웃을 때까지 기다려 주는 건 꽃이 피기를 기대하며 바라보는 만큼이나 행복했다. 손을 들어 치기도 했는데 얼마나 힘이 센지 맞은 자리가 욱신거렸다.

목욕을 할 수 없으니 오지 않아도 된다는 연락을 받았다. 욕창이 생겨 목욕을 할 수 없었다. 몇 주 동안 덕용이는 많이 울었다고 했다. 욕창이 아파서만 울었을까. 목욕을 하고 옷을 갈아입고 누웠을 때의 편안한 얼굴을 기억한다. 욕창이 심해 입원했다는 소식을 듣고 병원으로 갔지만 중환자실에 있어 만나볼 수 없었다. 병실 앞 의자에 초췌하게 앉아있던 덕용이 엄마가 쓸쓸하게 고개를 끄덕이며 말했다.
"이제 그만 보내줘야지요."
며칠 후 꿈을 꾸었다. 온몸에 땀띠가 발긋발긋 올라온 아기가 나를 바라보며 웃었다. 고맙다고 말을 하는 것 같았다. 다음 날 혹시나 하는 마음으로 덕용이 엄마에게 전화를 했다.
"덕용이, 이제 금방 갔어요."
엄마의 젖은 목소리가 귓전에서 뱅뱅 돌았다. 그 아이가 나에게 인사를 하고 갔구나.
아이들이 초등학교를 다닐 때 저녁이면 벗어놓은 양말이 새까맸다. 학교에 실내화를 가지고 다니는데도 어쩌면 양말이 이러냐고 잔소리를 했던 것이 생각났다. 빨랫비누를 묻혀 아들의 새까매진 양말을 빨아보는 게 소원이었을 덕용이 엄마.
어느새 작아진 아이의 옷을 정리하고 몸이 커진 아이의 옷을 고르는 마음은 어땠을까. 새 옷을 입히며 기적이 일어나길 바라기도 했을 것이다. 벌떡 일어나 걷는 아들을 얼마나 많이 상상했을까. 추리닝 한 벌이면 된다고 생각했던 것이 미안하고 또 미안했다.
그 후로 일 년쯤 지나 우연히 덕용이 엄마를 만났다. 집에 있으니 덕용이가 자꾸 눈에 아른거려 붕어빵 장사라도 하며 하루하루를 보낸다고 했다. 안부를 묻고 인사를 나누고 돌아서는 내게 툭, 던지듯 말한다.

"덕용이 양말 한 짝이 싱크대 구석에서 나왔어요. 오래 됐는데도 그놈 냄새가 나대요."

청소를 하다 우연히 사진 정리를 하기도 한다. 바쁘지 않은 날에는 오래도록 그 자리에 앉아 사진을 본다. 사진 속의 웃고 있는 사람이 지금 이 세상에 없다는 것을 실감할 때는 준비 없이 휑한 바람을 맞은 듯 시리다.

그날, 잊고 지냈던 덕용이가 하얀 양말 한 짝에서 다시 태어났다. 물기 머금은 바람이 고스란히 가슴에 스며들었다.

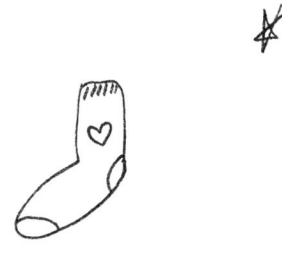

말 없는 것들에 대한 생각

 봄이 오니 온 천지가 꽃밭이다. 어디서 생명을 움켜쥐고 있다가 저리도 모조리 피었을까. 꽃이 사람들을 구경한다. 이맘때마다 한자리에서 수십 년을 꽃피웠으니 세월 따라 변하는 사람들의 모습이 재미있기도 할 것이다. 나도 꽃도 서로를 유심히 바라본다. 일 년을 인내한 그들의 눈매가 깊다. 바람과 별, 달, 하늘과 빗물과 새들의 소리까지 다 알아들었을 터이니 해탈한 스님의 마음과 같지 않을까. 경건한 마음으로 나무와 꽃들을 올려다본다.
 느리게 사뿐사뿐 걷는 길고양이는 만삭의 몸이지만 가볍다. 내가 저녁 산책을 하는 시간에 암고양이는 밥을 먹으러 간다. 누군가 먹이를 두고 가는 그곳으로 도도하게 걸어간다. 차려놓은 밥상을 받으러 가는 양반집 안주인을 보는 것 같아 음전하게 불러본다. 귀찮은 듯 천천히 고개를 돌리는 고양이와 눈이 마주친다. 내 눈을 한참 바라본 후 졸린 듯 돌아서서 간다. 느릿한 걸음은 싱겁고 시시하기 그지없다고 말한다. 살찐 볼처럼 씰룩거리는 고양이의 엉덩이에게마저 무시당한 느낌이다. 더구나 고양이의 눈은, 심심풀이로 지들을 부르는 내 마음까지 꿰뚫어 보는 것 같다.

   이 세상에 서열 따위는 없다고 생각할지 모른다. 인간은 좀 크고 다양한 성격을 가진 종족 정도로 보고 있을까. 결코 주눅 들지 않는 고양이를 보며 그런 생각을 한다. 바람이 분다. 비바람을 피하라고 누군가 만들어 놓은 고양이의 판자 집이 위태롭지만 정작 고양이는 태연하다.

   고속도로 하이패스 구간을 지난다. '딩동~' 요금이 지출된다는 알림 음이 경쾌하다. '너도 합격이야, 이제 들어와도 돼.' 알려주는 메시지처럼 반갑다. 내 체면도 선다.

   운전석 앞 단말기에 꽂힌 카드가 결제되지 않았다. 하이패스 구간인 일 차선으로 지나가 보기도, 이 차선을 통과해 보기도 하지만 단말기 속에 똬리를 튼 카드는 여전히 묵묵부답이었다.

'위에서 쏘는 전자파는 네게 구애를 하는 게 아니라 돈을 내고 지나가라는 거야, 이 멍청한 자동차야.' 요금을 내지 않고 도주하는 차량으로 보일까 봐 톨게이트 요금소 직원들에게 창피하기도 했다. '하이패스란 말은 하이속도가 아니야.' 남편은 성격이 급한 나를 의심스러운 눈으로 바라보았다.

그날도 요금소를 뺑소니차처럼 통과하면서 카드를 째려보았다. 대체 왜 꿈쩍도 안 하는 걸까. 순간, 며칠 전 휴대폰의 전자파 때문에 두통을 앓았던 일이 떠올랐다. 새로 산 휴대폰을 이것저것 설정하느라 제법 오랜 시간을 들여다 본 후 두통과 눈의 통증 때문에 힘이 들었다. '전자파다!' 운전대 오른쪽 옆 조금 아래에 설치한 휴대폰 거치대는 카드 단말기와 10센티미터쯤 떨어져 있었다. 휴대폰의 강한 전자파가 카드에게 보내는 전자파를 방해하고 있다는 생각이 퍼뜩 떠올랐다.

휴대폰을 거치대에서 내리고 하이패스 구간을 지나갔다. '딩동, 요금이 정상적으로 처리되었습니다.' 단말기 속의 카드는 그제야 수납 의무를 이행한다. 방해꾼이 없어진 거다. 눈에 보이지 않는 것들끼리의 싸움이다. 약육강식의 공식은 문명이든 아니든 상관이 없다.

말하지 않는 내 몸 어딘가도 휴대폰 전자파의 방해를 받고 있을 것 같아 오늘은 폰을 끈다. 조금 불안한 마음이 들지만 익숙해지기로 한다. 이제 말 없는 것들에 귀 기울여봐야겠다.
 바람이 나무들의 머리를 수시로 감긴다. 시원해진 나뭇잎들이 훠이훠이 춤을 춘다. 떨어진 꽃잎들은 바람을 따라 빙글 돌더니 이내 내 마음을 흔든다. 어디든 혼자서 가라 한다. 천천히 걷는 내 뒤를 어린 고양이 한 마리가 따라온다. 자연의 숱한 것들이 말을 걸어오게 조용히 걸어봐야지. 자연과 함께할 때 내 휴대폰은 먹통이다.

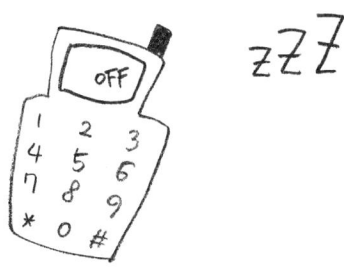

관계와 간계

 버스킹 존을 지난다. 귀에 익은 노랫소리에 마음이 뭉클해져 우뚝 섰다. '우리는 말 안 하고 살 수가 없나 날으는 솔개처럼… 수많은 간계(관계)와 간계(관계) 속에 잃어버린 나의 얼굴아.' 나는 얼른 그 자리를 떠났다. 각박한 세상에 살다 어느 날 문득 하늘을 보며 높이 나는 솔개처럼 고귀하고 순수했던 옛날을 그리워하는 노래다. '관계'를 '간계'라 하는 바람에 노래 맛이 뚝 떨어져 버렸다. 낡은 고무줄 바지를 입고 대중 앞에 선 꼴이다. 그렇다면 참 무례하다. 관객을 무시한 처사다. 어쩌면 매너리즘에 빠졌을 수도 있다. 맨 처음 대중 앞에 섰을 때의 떨리는 마음이 없어진 건 분명하다.

오래된 사람이 좋다고 한다. 얼마만큼의 세월이 오래인지는 알 수 없다. 하도 많이 들어온 터라 나이 들어 만난 사람은 멀찍이 놓고 거리를 둔다. 마음을 주지 않으니 친구라는 말은 어색하고 시간이 가도 고만고만한 사이로 남아있다. 사람은 헌 사람이 옷은 새 옷이 좋다고 하니 그럴 수밖에.

어릴 적 친구와 등을 돌리는 사람들을 종종 본다. 더 오래된 형제와도 원수처럼 사는 사람이 많다. 늦게 만난 사람과 마음을 나누고 친구가 되어도 좋다는 것을 알아가는 중이다. 나와 비슷한 색깔을 가진 사람이면 좋다. 너무 다른 색은 맞추기 힘들다. 미워하는 것도 힘이 필요하다. 이제 힘겨루기는 그만하고 싶다.

맞지 않은 옷처럼 불편해도 오래된 사람이라는 이유로 붙들고 있었다. 헤어져 집으로 돌아오는 발걸음이 무거웠다. 끊임없이 혼자 쏟아내는 이야기를 끝도 없이 들어주다 집으로 돌아오면 녹초가 된다. 그가 변한 건지 내가 변한 건지는 모른다. 네가 편하니까 이런 얘기도 한다며 무례를 범했던 사람은 오늘 집에 돌아가 '다 쏟아내니 참 편하다.'고 말하며 잠자리에 들 것이다. 늘어진 고무줄처럼 '관계'는 '간계'가 되었다. 오래된 사람이라는 명찰을 훅, 떼어 던져버린다.

수위 조절의 숙련된 기술이 스며있는 관계는 경박스럽지

않다. 적당히 찰랑찰랑한 사이를 유지하는 것이 중요하다. 마주알고주알 말하지 않아도 된다. 절제되었지만 진심과 애정을 담아 말한다. 마음을 다해 그의 말을 들으며 고개를 끄덕인다. 진정성 있는 화답은 조용하지만 힘이 세다.

암흑 소개팅이란 것이 생겨났다. 젊은이들의 새 문화다. 서로 볼 수 없는 암흑 카페에서 만나 대화를 주고받는다. 선입견 없이 목소리와 느낌 혹은 체취로 마주앉은 사람을 읽는다. 취향이 같으면 동질감을 느끼고 대화는 끝없이 이어진다. 원하면 밝은 곳으로 나가 이야기를 계속 이어가든지 다음 날 전화를 하든지 절충을 한다. 마음에 들지 않으면 그 자리에서 인사하고 나오면 끝이다. 서로 상처를 주고받지 않아도 되니 부담이 없다. 외모와 조건의 만남에 지친 젊은이들이 아이디어를 냈다. 외부적인 것들이 행복의 지침이 되지 않는다는 것을 알고 만든 참신한 문화다.

비슷한 생각과 취미를 가진 사람을 만나는 건 행운이다. 우리 때도 이런 문화가 있었다면 나는 지금 더 행복할까. 가보지 않은 길에 대한 호기심일까. 다시 태어나 한 사람을 꼭 만나야 한다면 한 번 정도 해보고 싶은 일이다.

봄맞이 대청소 날을 기다릴 일이 아니다. 너무 허물없어 권태롭고 제멋대로인 사람을 정리할 때가 된 것 같다. '관계'의

발음이 허물어진 '간계'한 사람은 이제 마음에서 치워야겠다. 장롱 속 옷걸이에 몇 년 걸려 본분을 잊은 옷들도 이참에 함께 버려야지. 조금 덜 섭섭할라나.

나는 정갈한 밥상인가 대충 차려진 밥상인가. 정성스럽게 차린 밥상 앞에 앉으면 기분이 좋다. 그에 맞갖은 사람들과 마주 앉는다. 그들은 내 마른 꽃밭에 흠뻑 물을 준다. 나는 그들의 꽃밭에 작은 씨앗을 심어준다. 새로 만난 사람이면 어떠랴, 세월이 바뀌었다. 거리를 유지하며 추는 춤은 격조가 있다. 거기에 발맞춘다. 자주 나를 돌아보고 매무새를 단정하게 해야 할 일이다.

남편이 진지하게 노래를 한다. 제목이 '사랑, 거(그) 썰썰(쓸쓸)함에 대하여'라고 한다. 쿡, 웃음이 나온다. 경상도 토박이 남편의 발음인데 좀 심하긴 하다.

"다시 또 누군가를 만나서 사랑을 하게 데엘(될) 수 있을까. 그르을(그럴) 수는 없을 것 같아. 도무지 알 수 없는 한 가지, 사람어얼(사람을) 사랑하게 데에넌(되는) 일. 참 썰썰(쓸쓸)한 일인 것 같아."

웃으며 박수를 쳐준다.

'어바웃 타임' 좋아하는 영화 중 하나다. 스무 살이 되면 시간을 되돌릴 수 있는 능력이 생긴다. 아버지는 성인식에 다녀온 아들에게 오래된 이 집안의 내력이며 비밀을 알려준다. 실수를 하거나 억울한 일이 있으면 그때로 돌아가 일상을 바꿀 수 있다. 벽장이나 어두운 곳에 들어가 눈을 질끈 감고 돌아가고 싶은 때를 생각만 하면 그때로 돌아가 있다. 이미 일어난 일도 내가 원하는 대로 바꾼다. 감독도 나처럼 후회할 일이 많았나 보다. 나에게도 그런 행운이 찾아온다면 언제로 돌아가 무엇을 바꿀까. 상상만으로도 기분 좋다. 초여름 연녹색 희망을 닮은 상큼 발랄한 영화다.

소심한 나는 버스킹 존으로 돌아가 좋아하는 노래 '솔개'를 끝까지 듣고 박수를 보내고 싶다. 노래를 따라 부르고 미안한 마음을 담은 지폐도 한 장, 바구니에 넣어주고 싶다. 무명의 가수는 매너리즘에 빠지거나 관객을 무시해서 그런 게 아니었다. 경상도 사람이라 그랬던 것이다.

오해는 풀렸고 그 덕분에 진부한 관계는 정리하고 새로 다가오는 사람들을 친구로 맞을 마음의 준비가 되었으니 일석삼조인가. 우연히 일어나는 이런저런 일들을 흘려보내지 않고 글로써 풀다 보면 생각이 정리되고 나를 돌아보는 시간이 된다. 나이와 상관없이 마음이 성장하니 기분 좋은 하루가 된다. 글쓰기를 참 잘했다는 생각이 드는 소소하고 쓸모 있는 사건이었다.

4부

아, 인도

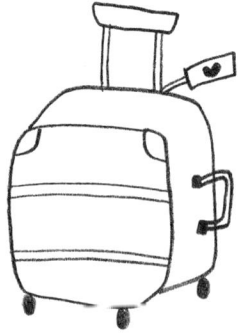

아, 인도

 작년 이맘때였다. 점심이나 먹자고 만난 친구가 인도에 갈 생각이 없냐고 물었다. 사진 공부를 하는 친구와 동료들이 촬영을 위해 가는데 함께하지 않겠냐고 말했을 때 그냥 귓등으로 흘려들었다. 커피숍으로 자리를 옮긴 후 다시 말했을 때는 가능한 일이 아니라고 생각했다. 더구나 이 주 후에 떠나는 팀에 합류하라니.
 친구와 헤어지고 집으로 돌아온 저녁부터였다. 그동안 인도 관련 책들을 읽으며 상상하고 꿈꾸고 그렸던 지난날들이 고스란히 살아나와 속삭이고 칭얼댔다. 언젠가는 꼭 가보리라 생각했던 그곳이다. 꿈인지 그리움인지 알 수 없는 힘이 자꾸만 나를 잡아당겼다.

  어렵사리 가족의 허락을 얻고 다음 날부터 바쁘게 준비를 하며 생각했다. 간절히 원하면 꿈은 이루어지는구나. 기회는 정말로 오는구나.

  인천을 출발한 비행기는 홍콩을 경유해 델리공항에 도착했다. 짐을 찾고 공항 밖으로 나오니 뜨거운 열기에 숨이 콱 막혔다. 섭씨 40도라고 한다. 크고 무거운 카메라와 사진 도구들을 짊어진 사람들 7명과 나는 돌아오는 날까지 한 팀이 되어 15박 16일의 고락을 함께했다.

  택시를 타고 숙소로 들어오는 길, 백미러가 없는 택시는 클랙슨을 울리며 뺑소니차처럼 빠르게 달렸다. 중앙선이 없는 도로였다. 두려움이 엄습했지만 곧 마음을 다져먹었다. "여기는 인도다. '왜?' 이런 건 없다. '그렇다!'만 있을 뿐이다."

● 올드델리, 시간이 멈추어 선 곳

  숙소 바로 앞까지 택시가 들어갈 수 없을 정도로 거리는 열악하고 복잡했다. 밤인데 한낮처럼 뜨겁다. 소들이 걸어 다니고 여기저기 개들이 널브러져 있다. 길거리 아무 곳에나 버려져 있는 오물 때문에 손전등을 켜고 더듬더듬 골목길을 걸어

숙소를 찾아왔다. 물을 다 쓰고 나면 내일 아침에는 씻을 수 없다는 길잡이 '타타'의 말에 대충 세수만 하고 밤새 덜덜거리는 에어컨과 개 짖는 소리를 들으며 인도의 첫날을 견뎌냈다.

올드델리의 중심 거리 빠하르간즈를 찍기 위해 팀원들은 아침 일찍 카메라를 메고 거리로 나갔다. 사진을 찍지 않는 나는 더 많은 것을 볼 수 있었고 사람들과 눈을 맞출 수 있었다. 까맣고 커다란 눈은 지금도 내 마음에 선명하게 새겨져 있다. 학교에 가는 아이보다 구걸하는 아이가 더 많은 곳, 길거리에서 나서 그곳에서 자라고 또 아이를 낳고 생을 마감하는 사람들이 많이 모여 사는 가난한 곳 빠하르간즈. 학교에 갈 아이들이 길에서 햄버거를 팔고 물동이를 머리에 이고 물을 길어가고 대여섯 살 되어 보이는 아이들이 돈을 달라고 꼬질꼬질한 손을 내밀었다. 초콜릿과 사탕을 주면 친구들을 데리고 와 또 달라고 한다. '땡큐'는 없다. 그저 주면 받아먹고 안 주면 그만이다.

호객을 하는 릭샤왈라를 바라보기도 하고 이곳저곳 가게를 기웃거리며 돌아다니다 비좁은 골목에서 개나 소의 것으로 보이는 오물을 밟았다. 뒤뚱뒤뚱 숙소에 들어가 신발 밑창을 씻는데 오물이 얼굴에 튀었다. "인도니까 괜찮아." 혼잣말을 했다.

올드델리
어느 외딴 곳에 있네
사람과 소가 서로 무심히 바라보는 곳
자고 나면 경악하고
자고 나면 조금 놀라고
자고 나면 바라보고
또 자고 나면 하나가 되네
세상의 온갖 오물도 보물도 똑같다고
그들의 눈은 말하네
지금 내 누울 자리와
허기진 배를 채워 줄 아무것과
하늘과 땅만 필요한 사람들
우리 넘어야 할 고뇌의 강
우리 기어올라야 할 바위산
다음 생 그 다음 생
그들과 함께할 수나 있을까

● 마날리, 여행자들의 천국

오후 세 시에 오기로 한 버스는 네 시가 되어서야 어슬렁 도착했다. 델리 시내의 도로에서 사십 도를 웃도는 태양열과 자동차의 매연 때문에 우리는 지쳐있었다. 에어컨도 작동되지 않는 버스를 타야 하는 빠져 나올 수 없는 현실 앞에 우울한 마음으로 버스 계단을 올랐다. 그렇게 열여섯 시간을 달리는 버스에서 할 수 있는 것은 잠들기 위해 애쓰는 일뿐이었다.

아침에 도착한 이곳도 뉴델리와 올드델리처럼 뉴마날리와 올드마날리로 구분되어 있었다. 올드마날리에 있는 숙소는 이름그대로 시골스러움을 간직하고 있었다. 길잡이 '타타'가 말한다. "모레 새벽 세 시에 이 장소에 나오십시오. 라다크를 가기 위해 로탕을 지나야 합니다. 해발 5,000킬로를 넘어야 하니 이곳에서는 몸도 마음도 편안히 휴식하십시오." 우리는 사뭇 긴장된 마음으로 각자의 방으로 들어갔다.

짐을 풀고 숙소에서 나오니 학교에 가는 아이들이 여기저기 보였다. 바위에 걸터앉아 버스를 기다리는 아이들, 삼삼오오 모여 잡담을 하는 아이들 대부분이 티베트 학생이었다. 이곳에서는 티베트인이 부쩍 눈에 띈다. 우리와 비슷한 외모를 가진 그들에게 알 수 없는 연민이 일어났다.

사과가 맛있다는 곳 마날리. 사과 주스를 마시러 카페에 들어갔더니 스무 살쯤 되어 보이는 젊은 주인이 해맑게 웃는다. 코리안이냐고 묻더니 아예 옆자리 앉아 자기소개부터 시작한다. 이웃 가게 친구가 한국 유학생과 결혼해 사는 이야기, 골목을 따라 올라가면 끝에서 두 번째 가게 주인이 네팔사람이며 그 가게에는 모모(만두)와 깜뚝(수제비)이 맛있다는 정보, 이곳에 머무는 동안 반드시 가야 할 곳 등을 일러주었다. 바쉬시 온천에 가면 사원에 들러 기도를 하고 둥그리 사원에 가서도 맨 처음 기도부터 하라고 했다. 왜 기도를 해야 하는지 물었더니 라다크 지역의 배낭여행은 신의 은총이 있어야만 무사할 수 있고 또 다시 오고 싶어질 거라고 말하며 두 손을 모았다. 그 모습이 얼마나 진지한지 얼떨결에 나도 손을 모았다. 대가를 바라지 않는 친절이 몸에 배인 이 사람이 오래도록 순박하기를 기원했다. 사과 주스 두 병에 40루피, 한국 돈으로 1,000원 정도에 값으로 따질 수 없는 따뜻한 마음을 받았다. 더구나 아무 것도 가미하지 않은 사과 원액은 달고도 향이 진해 그 맛이 오래 입안에 남아있었다.

한낮의 뜨겁던 태양이 옅은 노란빛이 되어 머뭇거리며 숲으로 내려올 때를 맞춰 내츄럴파크로 갔다. 숙소에서 300미터 정도 떨어진 그곳에는 몇백 년 된 삼나무들이 하늘을 향해 곧게 뻗어있었다. 오래 걸어도 끝이 보이지 않던 숲에서 팀원들은 쉴 새 없이 셔터를 눌렀고 나는 빽빽이 둘러서 있는 긴 나무에 기대어 서서 눈을 감고 멀리 떨어져 있는 가족과 벗들을 생각했다. 지는 노을과 함께 잔잔한 그리움이 가슴에 스며들었다. 어두워져서야 숲에서 나온 우리는 네팔인이 운영한다는 식당에서 모모와 깜뚝을 먹으며 이곳 사람들의 순수함을 이야기했다.

다음 날엔 사원을 돌았는데 운 좋게 장례식을 볼 수 있었다. 제물로 바쳐진 양의 피가 마당에 뿌려졌다. 팀원들은 사진을 찍느라 바쁘고 혼자 한가한 나는 친인척들로 보이는 사람들이 서있는 줄을 따라 작고 어두운 지하방으로 들어갔다. 죽은 이의 관에 입을 맞추라 한다. 죽은 이 사람과 나는 무슨 인연이기에 이리도 먼 곳까지 와서 잘 가시라 인사를 하는지. 억겁의 전생에 내게 따뜻한 손을 내밀어 준 고마운 사람이었을까. 명복을 비는 마음으로 차가운 관 위에 입을 맞추었다. 우리의 여행도 무사하길 기도했다.

마을 중간을 가로지르는 비아스강. 히말라야의 눈이 녹아 흐르는 차가운 강물에서 사람들은 래프팅을 하고 그 옆으로 한 무리의 소가 걸어가고 강가 나무 그늘 아래서 옥수수를 파는 할머니가 학교에서 돌아오는 손자를 반갑게 맞이하는 모습을 오래도록 바라보고 있었다. 평화롭다는 말이 입가에서 맴돌았다.

● 레, 머물러 살고 싶은 곳

새벽 세 시에 마날리를 출발한 8인용 지프차는 히말라야의 로탕을 향해 달렸다. 배낭여행자들이 가장 힘들어하면서도 미련을 버리지 못하고 다시 온다는 곳이다. 라다크의 레에 가려면 지스파에서 하루를 묵어야 한다. 운전자가 잠시 졸기라도 하면 천 길 낭떠러지로 떨어질 듯 꼬불꼬불한 산을 달리다 아래를 보면 승용차나 트럭이 찌그러진 깡통처럼 구겨져 협곡 사이에 박혀있는 것을 볼 수 있었다. 더구나 마주 오는 차를 만났을 때 마음 좋은 기사 아저씨가 양보를 하느라 차를 후진할 때는 오금이 저렸다. 높이 오를수록 조금씩 밀려오는 고산증세로 어지럽고 숨이 조금씩 가빠질 때쯤 지스파에 도착했다.

아, 히말라야의 험한 산은 모래사막까지도 끌어안고 있었다. 인더스강 물이 흘러 흘러 사막 사이를 쉬어가는 옆으로 하얀 천막들이 옹기종기 엎드려 있었다. 2인 침대가 있는 천막을 배정받고 간단히 짐을 풀고 밖으로 나오니 어느새 어두워진 하늘에 촘촘히 박혀있던 별무리. 손을 뻗어 훑으면 후드득 떨어질 것 같았다. 침대에 누워서도 쉬이 들지 않는 잠에 오래도록 뒤척이며 별빛 떨어지는 소리와 흐르는 물소리와 천막을 흔들어대는 바람 소리를 들으며 사막에서의 밤을 보냈다.

다음 날 새벽에 서둘러 레를 향했다. 하늘을 향해 올라가듯 끝도 없이 기어오르는 차 속에서 숨을 죽이고 바라본 골짜기의 만년설. 그 하얀 설산이 녹아 폭포처럼 떨어지던 물줄기. 어쩌다 비라도 와 한꺼번에 물이 흘러내려 길이 없어지면 다시 길이 만들어질 때까지 며칠이고 기다려야 한다고 했다. 한여름만 지나면 눈이 내리니 육로를 통해 레에 들어갈 수 있는 기간은 6월에서 9월 사이라 한다. 골짜기에서 고장 난 트럭이 길을 막아 지나갈 수가 없었다. 차 속에서 몇 시간을 기다리며 오늘 안에 저 트럭이 고쳐지길 기도했다. 신의 허락을 받아야 지날 수 있다는 청년의 말이 새삼 실감 났다.

어두워져서야 겨우 도착했다. 한여름인데도 밤이 되면 춥다. 이틀을 씻지 못했는데 온수가 안 나온다. 새벽 다섯 시에 일어나야 온수를 쓸 수 있다고 하니 대충 세수만 하고 자리에 누웠다. 오랫동안 차 속에서 긴장을 하고 있어서인지 온몸이 욱신거렸다.

"탁, 탁." 새벽잠을 깨우는 알 수 없는 소리에 일어나 밖을 보니 호텔 직원들이 장작을 패고 보일러실에서 불을 때고 있었다. 다섯 시부터 온수를 쓸 수 있다 하더니 열대여섯 살쯤 보이는 소년들은 여행자들을 위해 잠도 자지 않고 나무를 자르고 불을 때고 물을 데운다. 안쓰러운 마음은 그저 나 혼자만의 생각이었다. 방문을 열면 기다리고 있은 듯 잘 잤는지 춥지는 않았는지 묻는다. 그들의 밝은 표정은 직원으로서의 의무가 아니라 내 집을 찾아온 손님에게 즐거운 마음으로 최선을 다하는 마음이라는 것을 알게 하였다.

아침을 만들어 먹고 동네를 한 바퀴 돌며 만난, 볼이 붉은 아이들 대부분이 티베트인이었다. 학교에 가느라 바쁘게 걸으면서도 눈이 마주치면 수줍게 웃었다. 깨끗하게 교복을 차려입은 아이들의 모습이 가난하지만 남루하지 않았다.

양털로 만든 목도리를 사기 위해 길가에 길게 늘어서 있는 가게 중 한 곳에 들어갔다. 영화 빠삐용의 주인공처럼 생긴 청년이 도수 높은 안경을 올리며 환한 웃음으로 반겼다. 남자 한복 저고리처럼 생긴 윗도리와 아줌마들의 몸뻬바지 같은 옷이 한 벌인, 라다크 전통 옷을 5,000원에 샀다. 목도리를 고르느라 반듯하게 접어놓은 진열대 위의 물건들이 몽땅 흐트러져 미안하다고 했더니 오히려 싱글벙글 웃으며 짜이를 한 잔 대접해 주었다. 약혼녀가 있어 내년 가을엔 결혼할 거라는 말을 하며 활짝 웃는 모습이 순박했다.

순수한 마음으로 대하면 지고지순으로 다가올 것 같은 사람들이다. 말로도 글로도 표현하기 힘든 높고 맑은 쪽빛 하늘을 눈에 담고 상처받은 마음을 말끔히 씻어줄 것 같은 맑은 바람을 양껏 들이켠다. 여행 온 사람들이 돌아가지 않고 머물러 살고 싶어 하는 심정을 알 것도 같았다.

산뚜스뚬바, 지구에서 가장 아름다운 노을을 볼 수 있다는 사원이다. 택시를 타고 마을을 지나 언덕배기를 몇 번 돌아 올라가니 사원 맞은편에 나무 한 그루 없는 바위산이 삥 둘러 턱 버티고 있다. 그 아래에 포플러 나무들이 소담스레 에워싸고 있는 마을이 한눈에 들어왔다. 하늘을 향해 시원스레 트여 있는 사원의 커다란 마당에서 팀원들은 카메라의 다리를 세우고 각도를 맞추고 렌즈를 조절하느라 분주히 움직이고 하늘은 서서히 붉은 빛으로 바뀌고 있었다. 어릴 적 들었던 이야기가 생각났다. 사람이 죽으면 노을을 따라 하늘로 올라간다고 했다. 죽은 이에 대한 최고의 찬사나 예우가 아닐까. 카메라의 셔터 누르는 소리가 오래도록 들렸지만 한국에 돌아온 후 인도 여행 사진전에서 아무도 그 하늘을 전시하지 않았다. 그도 그럴 것이, 어떻게 그 하늘과 노을을 카메라에 담을 수 있겠는가. 그날의 노을을 보고난 후라면 그랬을 것이다.
　레에서는 나흘을 머물며 도보와 택시로 구석구석을 돌았다. 흰 벽의 곰파(티벳사원), 그들의 기도를 말없이 듣고 있던 초르텐(탑), 곳곳에 걸려있던 빛바랜 타르초(깃발), 곰파 오르는 길에 무수히 쌓여있던 돌탑들, 착한 사람들의 간절한 기도가 초르텐과 타르초와 돌탑을 통해 하늘에 닿길 나도 진심으로 기도했다.

● 스리나가르, 달호수

　늦은 저녁 레를 출발한 버스는 열여덟 시간을 달려 다음 날 오후에 호수의 도시 스리나가르에 도착했다. 카슈미르 지역 골짜기에 위치한 이곳에 오는 동안에는 무장한 군인들의 검문을 몇 차례 받아야 했고 그들의 허락이 있어야만 통과할 수 있는 곳을 몇 군데나 지나왔다. 파키스탄 접경 지역인 이곳은 이슬람교와 힌두교의 종교 분쟁으로 잦은 전쟁이 일어나는 위험한 여행지이다. 그러나 아름다운 무굴제국의 흔적을 볼 수 있고 카슈미르식 곤돌라인 시카라를 탈 수 있고 수상가옥에서의 생활을 경험할 수 있어 여행객들이 많이 찾는 곳이다.
　기사는 친절하게도 호수 바로 앞에 버스를 세워준다. 조각

달처럼 생긴 시카라를 타고 하우스보트에 도착했다. 기분 좋게 흔들리는 난간에 앉아 유유히 떠다니는 배들과 잔잔한 물결을 보니 열여덟 시간을 불편한 버스에서 보낸 피로감이 눈 녹듯 사라졌다. 그러나 그것도 잠시, 시카라에 물건들을 싣고 상인들이 쉴 새 없이 찾아왔다. 꽃다발과 가방, 모자, 간식거리까지 부르는 게 값인 그들의 바가지요금에 실랑이를 했다. 시내에 나가기 위해 뱃삯을 흥정하는 일도 만만찮았다. 호수를 건너는 시카라를 따라오며 물건을 파는 상인들과 호객꾼을 따돌리는 동안 다시 여행의 피로가 몰려왔다.

시내는 위험해서 안 된다고 '타타'가 말했지만 좋은 사진을 찍으려면 위험도 감수해야 한다고 떼를 쓴 사진작가들 덕분에 시내에 갈 수 있었다. 외국인을 향한 폭탄 테러도 일어난다며 걱정스런 눈빛으로 빨리 돌아오길 당부하는 '타타'를 뒤로하고 호수를 빠져나와 버스를 탔다. 여행객은 우리 일행밖에 없었다. 식당에도 거리에도 온통 남자들뿐, 어쩌다 눈에 띄는 여자들은 더운 날씨인데도 히잡을 쓰고 바쁘게 걸어갔다. 더구나 쇼핑을 하거나 커피숍에서 담소를 나누는 여자들은 볼 수 없었다. 천천히 거리를 걷는 여자는 우리 일행 네 명과 구걸하는 여인들과 그들의 어린아이들뿐이었다. 이제 막 걸음마를 시작했을 것 같은 아이도 우리를 따라다니며 돈을 달라고 손을 내밀었다. 깨끗이 씻겨 옷을 입혀놓으면 인형처럼 예쁠 아이, 까맣게 빛나는 눈을 가진 아이였다.

'귀하는 위험한 지역을 여행 중이니 속히 귀국하시기 바랍니다.' 외무부에서 보내는 문자와 우리를 바라보며 알아들을 수 없는 자기네들 말로 떠들어대는 현지인들 때문에 은근히 신경이 쓰였다. 그러나 사다리가 붙어있어 지붕 위에도 사람이 앉아있는 작은 시내버스를 구경하고 만원 버스에서 신기한 듯 우리를 바라보는 하굣길의 학생들과 손을 흔들며 인사를 나누는 일이 재미있었다. 무사히 시내 구경을 끝내고 돌아와 숙소 앞의 시카라에서 내리니 '타타'는 몇 년 만에 만나는 친구처럼 우리를 반겼다.

다음 날은 오백여 년 전 무굴왕국의 정원 니샤트박을 구경했다. 인도 최고의 권세를 가진 왕이 사랑하는 왕비를 위해 지어주었다는 꽃의 정원이다. 그 옛날 왕과 왕비만이 거닐 수 있었던 뜰을 오백 년이 지난 지금 내가 걷고 있다는 것이 흥감했다. 형형색색 꽃들과 화려한 궁전의 건물 앞에서 '사람은 가도 옛날은 남는다.'는 가사의 노래를 흥얼거렸다. 옛날이라는 말이 추억이든 옛 터이든.

그곳은 유명한 관광지답게 화려한 색상의 사리를 입은 신혼부부들과 가족 나들이를 나온 대가족이 많았다. 어려운 이

웃과 나누고 더불어 사는 게 미덕이라고 배운 우리의 정서와 달랐다. 지독한 이기심을 정당화시킨 카스트 제도가 뼛속 깊이 박혀있는 곳이었다. 숙소로 돌아오는 길에 만난 불가촉천민들은 우리가 묵고 있는 호수 뒤편에서 물속의 쓰레기를 그물로 건져내고 오물을 치우는 사람들이었다. 부정한 계급이라 취급당하며 보여지는 것조차 부끄러워야 한다. 그들은 서로 부러워하거나 안타까워하지 않고 조용히 어울려 살아가고 있었다.

내일은 다람살라에 가기 위한 긴 여정이 기다리고 있다. 이곳에서 새벽 여섯 시에 버스를 타면 저녁 여덟 시에 잠무에 도착한다고 하는데 몇 시간 동안 버스를 타야 하는지 손가락으로 세어보는 일도 식상해서 그만두었다. 잠무에서 하루를 묵고 아침 기차를 타면 마지막 여행지 다람살라에 도착한다.

해가 질 무렵 아버지들은 장사 일을 끝내고 노를 저어 집으로 가고 있었다. 물건을 팔려고 다가오면 손사래를 치며 귀찮아했던 일이 생각나 미안했다. 식구들이 돌아온 집들이 불을 밝히고 기다리던 별들이 검은 카펫을 펼쳐 자리를 잡는다. 가족이 모여 밝힌 불빛과 하늘에서 떨어진 별빛을 받아 찰랑찰랑 빛나던 물결, 그 위를 차분히 지나가는 시카라를 바라보며 모처럼 편안한 시간을 보냈다. 거기에다 여행하는 자의 자유로움과 차 한 잔의 달콤함이 어울려 나른한 행복감마저 느꼈다.

● 다람살라, 기도의 땅

스물세 살 달라이 라마는 고향땅 티베트를 뒤로하고 언젠가는 돌아올 것을 기약하며 그곳을 떠나왔다. 평화롭던 땅에 중국 군인들이 총을 들고 마을에 들어왔고 자치국으로서의 권리를 빼앗으려 무력을 쓰기 시작하자 인도로 가게 된다. 그를 따라 히말라야를 넘던 많은 주민들이 혹독한 추위와 굶주림으로 목숨을 잃었고 겨우 살아남은 자들은 인도 땅에서 어느덧 3대를 이어가고 있다. 이곳의 원래 지명은 '맥그로간지'며 다람살라는 '휴식처'라는 뜻의 티베트어. 여기에서의 생활을 휴식의 시간쯤으로 생각하고 때가 되면 집으로 돌아갈 수 있기를 바라는 마음으로 그렇게 지었을까.

버스는 또 스무 시간을 달린다. 어디를 가도 어김없이 소와 양 떼들을 만난다. 도로를 점령하여 느리게 걸어가는 그들을 버스는 하염없이 기다려야 한다. 이제는 조급증을 내는 사람도 없다. 약속 시간을 안 지키기로 유명한 버스나 기차도 그럴 만한 이유가 있다는 것을 알게 하는 풍경이었다.

늦은 저녁에 잠무에 도착했다. 다음 날에는 새벽 여섯 시에 호텔을 나서야 하고 모두 너무 지치고 피로해 겨우 식사만 하고 각자의 방으로 갔다. 그저 스쳐 지나가기만 해야 하는 이 도시를 눈여겨보고 싶어 알람을 다섯 시에 맞춰놓았다.

혼자 일찍 로비에 나와 바라본 새벽 거리의 풍경. 부옇게 밝아오는 거리에 소 한 마리가 어슬렁어슬렁 걷고 있었다. 외박을 하고 집으로 돌아가는 놈치고는 너무 느긋해 보여 혼자 웃었다. 아직 잠이 덜 깬 아이가 하품을 하며 물통을 들고 걸어가고 셔터가 내려진 가게 앞 시멘트 바닥에 누런 개 한 마리가 배를 깔고 자고 있었다. 호텔이 있는 시내 풍경이다.

숙소에서 오토릭샤를 타고 이십 분 만에 도착한 기차역. 어린아이부터 어른까지 가족 노숙자들이 아직 깊은 잠에 빠져 있는 역전을 지나 역내로 들어서니 노숙견들이 우리를 반겼다. 그 옆으로 아예 자리를 깔고 앉아 기차를 기다리는 사람들과 그들을 상대로 과자를 튀겨 파는 구내 상점들이 줄줄이 있었다.

사진을 찍는 일행들이 바빠졌다. 인도의 모습을 축소해 놓은 듯한 이곳을 이리 뛰고 저리 뛰며 사진 찍는 동안 나는 튀긴 과자를 사먹고 짜이도 한 잔 사 마셨다. 기차역답게 적당히 많은 사람들 사이에서 그들은 나를, 나는 그들을 구경하며 어쩌다 웃기도 차를 권하기도 하며 짧은 인사를 나누었다. 그러다 시계를 보며 잘 가시라 인사를 하고 기차를 탔다. '타타'의 염려처럼 불량 튀김과자 때문에 배탈도 나지 않았고 찢어지고 지저분한 시트에 앉아서도 꼬박꼬박 졸음이 오기도 하니 이곳에 어지간히 적응이 되어가는구나 싶었다.

세 시간 정도 기차를 탔고 다시 버스로 갈아타 두 시간을 더 갔다. 호텔까지 가는 오르막이 가파르고 짐이 무거워 릭샤를 불러 타고 가는 동안 패싸움을 하는 야생 원숭이 떼를 보았는데 이곳에서 원숭이에게 물리면 치료받기도 힘들고 독이 퍼져 죽을 수도 있으니 조심하라고 릭샤왈라가 겁을 주었다.

숙소에 짐을 풀고 친구와 둘이 거리로 나왔다. 좁은 시장통처럼 생긴 시내 거리에 자동차와 배낭여행자들과 상인들이 섞여 북새통을 이루었고 붉은 승복의 라마승들이 여기저기 눈에 띄었다. 조그만 가게에 들어가 친구에게 선물할 염주를 사고 길거리에 앉아 사람들을 구경하는 일이 재미있었다.

다음 날은 갓 구운 토스트를 파는 가게에서 아침을 사먹고 티베트 박물관을 둘러보았다. 일제 강점기에 독립운동을 했던 우리의 역사를 보는 듯 낯설지 않은 사진들과 피 묻은 옷들을 보았고 야트막한 언덕 사이로 길게 난 기도의 길을 걸었다. 치렁치렁 기다란 염주를 들고 옴마니반메훔을 독송하는 사람들의 뒤를 따라 손때 묻어 반질반질한 기도륜을 돌리며 나도 내 간절한 바람을 기도했다.

살아있는 부처로 숭앙받는 달라이 라마. 1대에서 현세의 14대까지 하나이면서 여럿으로 환생한 티베트의 절대적 스승이면서 지도자다. 그분의 모습이라도 보려면 며칠을 이곳에서 묵어야 하지만 시방 머물고 있는 이곳이 그분의 숨결과 자취가 그대로 서려있는 곳이니 그것만으로도 기뻤다.

이튿날은 비가 내렸다. 오후에 다람살라를 출발하면 다음 날 아침에 델리에 도착, 늦은 저녁 인천행 비행기를 타면 집으로 간다. 아침에 짐을 정리하고 비 오는 거리를 쏘다니며 스님들을, 상인들을, 걸인들을, 그리고 이제 눈에 익숙한 소들과 쌈박질만 하는 원숭이들을 바라보며 나지막이 작별의 인사를 했다.

공항에서 바라본 델리, 어두워진 거리의 불빛들이 잘 가라고 손을 흔드는 듯 반짝거렸다. 가지 말라고 붙잡는 이도 없고 다시 오마고 약속한 사람도 없는데 그저 혼자서 이별을 앓았다. 아무도 기다리는 이는 없지만 두 번 더 인도를 여행하리라 마음먹으며 비행기에 올랐다. 왜 두 번인지는 모르겠다. 인도라는 곳이 왜 그리운지 모르는 것처럼.

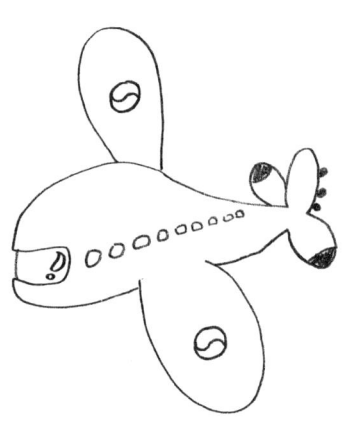

● 평설

김현옥 수필집 『기억 수거함』

김현옥 수필에 나타난
삶의 역설과 반어법의 진실

박 희 선
수필가, 문학평론가, 우하 박문하문학상 운영위원장

평설

김현옥 수필집 『기억 수거함』

김현옥 수필에 나타난 삶의 역설과 반어법의 진실

박 희 선
수필가, 문학평론가, 우하 박문하문학상 운영위원장

1. 수필집 『기억 수거함』을 열기 위하여

글쓰기는 사람 사는 세상으로 나가는 처절한 몸짓이다. 문학이란 큰 울타리 안에 수필가의 삶이 꿈틀거리고 있다. 범위를 좁히면 수필 속에 시간과 밥이 있고 눈물이 고여 있다. 그럼에도 글쓰기라는 외연을 통해 작가의 심사를 온전히 드러내진 못한다.

부족한 어휘력과 수필의 규범을 떨쳐내지 못한 이유도 있을 테다. 때로는 그게 불만이나 한계로 남아 장르 탈출을 꿈꾸기도 한다. 글을 쓰다 보면 미수에 그친 문장들이 속절없이 사라지던 일이 얼마나 많던가. 그러나 김현옥은 다르다. 주제에 생각이 맞닿으면 빛나는 언어가 화르르 돋아난다. 봄풀이 자라듯 어휘력은 힘을 실어 글밭에서 유영한다.

　김현옥의 수필집 『기억 수거함』엔 33편의 수필과 인도를 다녀온 기행수필 5편이 실렸다. 수필 편편이 정갈하고 기품이 있다. 군더더기 없는 문장은 풀을 빳빳하게 먹여 다림질을 잘 한 모시옷이거나 부드러운 명주 같은 느낌이 들어 흔흔하다.

　이 원고를 받아들고 고심을 많이 했다. 작품 깊숙이 빠져들어 평설의 허방을 짚지는 않을지, 안목과 정언이 평자의 최대 덕목이지만 자칫 허사가 끼어들어 온전한 수필을 그르치게 하지는 않을까 염려되기도 했다. '그럽시다'에 발을 들여놓은 것은 지금이 아니면 김현옥의 문장을 언제 깊이 들여다 볼 수 있을까에 대한 답이 따라 나온 까닭이다.

2. 작품 속 삶의 역설과 반어법이 보여주는 명징함

　김현옥 수필 「한 말씀만 하소서」, 「내 저리될 줄 알았다」, 「미안해야 하나」는 역설과 반어법이 중심축이 되어 빛을 발하는 짧은 수필이다. 은폐된 문장 속에서 잠언 같은 말을 찾는 재미가 크다. 문장이 깔끔해 정갈한 산문시 느낌도 든다.

삶과 죽음의 순환, 떠나는 자와 남은 자의 영원한 시간을 통해 당신과 나 사이의 관계망을 압축한다. 겉에 드러난 것은 모순에 부조리한 것 같지만 그 너머엔 진실성이 짙게 깔려있어 감동을 부른다.

「한 말씀만 하소서」는 이승을 떠나는 엄마와 남아있는 어머님의 서사다. 무겁고 고요한 분위기에서 많은 말을 함축한 대답에 '울컥'이 안개처럼 스며든다. 언젠가는 겪을 인간 소멸과 존재의 균형도 평형을 이룬다. 이것이 책장을 덮어도 여운이 사라지지 않는 까닭이다.

소제목 '너냐'는 작가가 생을 마감하는 엄마 곁에서, '음따'는 아버님의 곁을 지키고 있는 어머님의 시선에서 김현옥 만의 시각으로 풀어낸 명징한 수필이다. 실밥 하나, 보푸라기 하나도 탈탈 털어낸 옷감이 얄밉도록 수더분하다.

중환자실의 싸늘한 침대에 누워있는 엄마를 흔들며 떼를 썼다. 엄마의 눈에서 굵은 눈물방울이 흘렀다. 이제 곧 떠날 사람에게 편히 가시라고 해야 할 터인데 죽자고 한마디만 하라고 했으니 얼마나 속이 탔을까. 쓰러져 하루를 못 버텼으니 하고 싶은 말은 또 얼마나 많았을까.

울다 깜빡 잠이 들었고 몸이 노곤해질 만큼 따뜻한 느낌에 잠이 깼다. 그 시간에 엄마는 떠났다. 이제 막 육신을 빠져나온 영혼이 마지막으로 마음을 다해 안아주고 떠났다는 걸 안다.
- 「한 말씀만 하소서」의 '너냐' 중에서

누구에게나 엄마는 있다. 누구의 엄마이든 언젠가는 이승을 떠난다. 한 번 떠나면 다시 볼 수 없는 엄마에게 듣고 싶은 말은 무엇일까. 사람은 모두가 개별적이어서 바라는 것이 다 다르다. 김현옥은 아무리 세월이 흘러도 귓전에 맴도는 한마디가 있다. 마음까지 기억하는 한마디 "너냐."를 듣고 싶어 귀를 기울인다.

"너냐."란 엄마의 짧은 말 한마디에 수만 생각이 넘나든다. '너냐, 너냐? 너냐…' '너냐'엔 안도감이 묻어난다. 피로 맺은 동지 같은, 배신 따윈 근접도 못 할 신뢰감이 '너냐'를 감싼다. 모호한 세상살이조차 선명하게 해줄 만큼 위력 있는 단어다. 김현옥은 이 '너냐'에서 힘을 얻지 않았을까.

두 번째 '너냐?'엔 바쁜 딸의 방문에 반가움이 물씬 풍긴다. 목소리도 솔음으로 훨훨 날아 어두운 곳에도 빛이 넘나든다. 자식을 키우고 마음 다독이며 존재 간의 불일치를 밀어낸다. 엄마의 생의 절정이 '너냐?'에 달려 있었는지 모른다. 또 다른 '너냐…'엔 나날이 무너지는 힘없는 엄마가 있다. 할 일이 아직 많은데 야윈 숨소리는 잦아든다. 들숨과 날숨이 방향을 잃는다. 낮은 짧고 밤 시간이 길어지더니 휴면에 든다. 영원으로 가는 길목이다. 짧지만 긴 수필 450자가 남긴 "너냐"에는 엄마의 굽이치는 생애가 담겨있다.

「한 말씀만 하소서」의 소제목 수필 '음따'는 '없다'의 방언이다. 아버님의 임종 직전 어머님과 나눈 대화는 반어와 역설을 통해 진정성을 드러낸다. 생각과 생각의 밀도 또한 반어를 통해 더욱 촘촘해진다.

이승을 떠나는 아버님께 어머님이 묻는다. "할 말 엄능교." "음따." 함축의 진수다. 김현옥의 생각은 아버님의 "음따."에 '남사시럽구로….'를 끌어당겨 새 옷을 입힌다. 모순 형용에서 나온 문학 언어는 사람의 심리를 강하게 작용하는 힘이 있다.

> 과묵이 미덕이라 믿었던 아버님, 어머님에게 남길 마지막 말씀이 왜 없었겠냐마는 자식들 보는 앞이라 그랬을 것이다. '남사시럽구로….' 생각하셨을 거다.
> 이제 기억을 잃고 병중에 계신 어머님, 구차한 몸을 훌훌 털고 가실 때 아버님의 마중을 받아 들고 싶었던 한 말씀을 꼭 들으시길.
> "임자, 고생 많았소."
> – 「한 말씀만 하소서」의 '음따' 중에서

음따는 있다의 반대말이다. 없다는 것은 있다에 가려진 많은 것을 포함하고 있다. 삼대독자를 앞에 놓고 '우리 밉상'이라고 하듯 강한 밉상은 곱상보다 더 곱다. 수필에서도 반어법은 없다의 과거에 현재의 있음을 이어주는 역할을 충실히 해낸다. 이로 인한 감동은 진하게 더 오래 남는다.

「내 저리될 줄 알았다」는 300자 수필이다. 지하철 안에 젊은 엄마가 아기를 안고 있다. 앞에 서 있던 할배가 사랑스런 눈으로 내려다본다. "까꿍!" 아기와 낯선 할배의 의사가 소통될 리 만무하다. 너 참 귀엽다, 어쩜 이리도 예쁘냐, 탈 없이 잘 자라거라의 기원이 들어있을 "까꿍!"이지만 그걸 어찌 감당하랴. 까무라치듯 우는 아기 앞에서 할배는 참으로 난감하다. 덩달아 던지는 김현옥의 한마디는 불안한 장면에서 웃음을 선사한다. '내 저리 될 줄 알았다.'고. 아마 이 노인도 밤잠을 설치며 이불 킥을 하지 않았을까.

    젊은 엄마가 아기를 안고 있다. 앞에 선 할배가 사랑스런 눈으로 아기를 내려다본다. 아기 엄마는 감사한 미소를 보낸다. 용기를 낸 할배가 투박한 손으로 아기를 쓰다듬을 때 아기 엄마는 억지웃음을 짓는다. 쭈글쭈글한 손이 보드라운 아기의 뺨을 지나간다. 아기가 입술을 삐죽거린다, 어쩌나.

"까꿍!"

눈치 없이 쉰 목소리까지 내다 된통 당한다. 지하철 안, 아기는 발작적으로 울고 사람들이 놀라 바라본다. 아기 엄마는 당황하고 할배는 머쓱하다.

"내 저리 될 줄 알았다."

– 「내 저리 될 줄 알았다」 전문

「미안해야 하나」는 반전 수필이다. 글자 400자의 품이 오가던 비구름도 쉬어갈 수 있는 노송 같다. 김현옥은 부축해 주는 간호사의 도움으로 의사와 마주 앉는다. 단도직입하면 좋을 텐데 꾸물거린다. 헛기침을 하던 의사는 마음의 준비가 된 듯 어렵게 말을 꺼낸다. "의사로서 이런 말을 할 때는 참 힘이 듭니다." 의사가 말하기 힘든 것은 불치병이다. 순간, 죽을병, 여행 끝, 짐 정리, 본향으로 돌아가다가 스친다. 그사이 눈물마저 핑 돈다. "정밀 검사를 해 봐야 알겠지만 이 정도 같으면…." "소화가 좀 안 될 뿐인데…." 의사는 위장 벽 여기저기에 피가 흥건히 묻어있는 컴퓨터 화면을 보여준다. "저… 선생님, 오늘 아침에 코피를 많이 흘렸는데 그게 넘어간 게 아닐까요." 의사는 격앙된 목소리로 "다음 환자!"에 힘을 싣는다.

김현옥은 '죽을병이 아니어서 미안했다.'로 글을 맺는다.

통쾌한 반어법 문장이다. 수필이 꼭 길어야 할 이유가 없다. 수필 형식에 얽매이지 않은 짧은 웹 수필이 필요한 시대다. 지하철을 타고 가다, 버스를 기다리다, 몇 분의 자투리 시간에 휴대폰으로 읽을 수 있는 쉽고 재밌는 글, 김현옥의 수필은 반어와 역설을 통해 독자에게 더욱 가까이 다가갈 것이다.

3. 역설이 보여주는 아름다운 고요

역설이나 반어는 진실을 더욱 진실 되게 하기 위한 장치다. 독자는 이런 장치를 통해 작가가 의도한 것, 의도하지 않은 것을 찾아내어 나름으로 즐긴다. 작가는 내가 살고 있는 사회를 기반으로 자아를 실현하고 부정을 긍정으로 바꾸려 노력한다. 수필을 읽는 이의 감성에 따라 새롭게 판독되는 것도 글쓴이에겐 보람된 일이다.

「치유의 등」엔 아기를 잃고 베개를 업고 다니는 엄마의 등, 손녀를 달래는 할아버지의 등, 억울해 울고 있는 아이를 마음으로 업어주는 작가의 등이 중심축을 이루고 있다.

어른이 되었다고 어린 시절의 기억을 어른의 그릇으로 온전히 덮지는 못한다. 책상 아래 쪼그리고 앉아 우는 아이, 앨범 속 작은 섬에 혼자 있는 새를 보며 훌쩍이던 아이, 그 눈물을 보석인 양 감춰두고 즐기던 아이를 어른이 된 지금도 품고 산다. 잘 맞춘 퍼즐처럼 어느 한 부분에 꼭 끼어 있다가 감성이 출렁이면 지층을 흔든다. 김현옥만의 역설은 '슬픔은 칡처럼 씁쓸하다가 씹을수록 단맛이 나는 것' '슬픔은 단맛 나는 칡이다'로 명시하며 시공간을 배회하고 있는 고독한 아이어른을 만난다.

그 아이는 자라 초등학생이 되고 엄마와 아기의 존재가 무엇인지 '미친 여자'를 통해 알게 된다. 엄마와 아기는 한몸이다. 아기가 죽으면 엄마도 죽어야 되는데 엄마가 죽지 않고 베개만 업고 울고 다닌다. 작가에겐 베개가 울고 엄마도 우는 미친 여자에 대한 두려움이 크다. 슬픔에 밤잠을 설치던 그때의 아이가 퍼즐 한 조각에서 여전히 살고 있다.

> 엄마는 아기가 숨을 거두기 직전의 순간에서 기억이 정지되었을 것이다. 아픔이 풍선처럼 부풀면 가슴에서 머리로 스물스물 올라가 머릿속이 뒤죽박죽된다고 생각했다. 아기로 변한 베개는 엄마의 등에서 매일 운다. 미안한 마음까지 합쳐져 속이 타 들어가니 아기를 업어 달래고 또 달랜다. 차라리 그렇게 미쳐버리는 게 나았을 것이다.
> ―「치유의 등」중에서

김현옥은 모임에 데리고 나온 할아버지의 손녀를 보며 서사를 끌고 간다. 어른들의 웃음소리는 아이에게 두려움이 될 수 있다. 예쁘다, 귀엽다도 정도가 넘치면 울음보를 터뜨린다. 그러다 숨을 곳을 찾는다. 할아버지의 품이 아니고 등이다. 넓은 등은 '눈물이 맺힌 채 웃는' 아이의 마음을 위로해 준다. 대롱거리는 눈물방울은 치유로 안주하게 한다.

> 할아버지의 등에 얼굴을 묻었다. 그 모습마저도 얼마나 사랑스럽던지 나는 아이의 어깨를 가만히 토닥여주었다. 아이는 나와 눈이 마주치자 겸연쩍게 웃는다. 불빛에 비친 눈동자가 반짝 빛난다. 눈물이 맺힌 채로 웃을 수 있는 이 아이는 훗날 할아버지의 등을 기억이나 할까.
>
> — 「치유의 등」 중에서

김현옥은 놀이터에서 또 다른 아이를 만난다. 불만을 털어놓는 아이는 초등학생 어린아이이다. 또래와 놀다가도 서럽게 운다. 동생이 장난감을 망가뜨렸다고 이른다. 표정도 '억울해 죽겠어요.'를 달고 있다. "그래서 얼마나 억울하니?" 이 물음에 반은 울고 반은 삐죽이면서도 표정이 풀린다. "그래도 어떨 땐 예뻐요." '미움'과 '예쁨'이 아이의 마음을 얼마나 힘들게 했을까.

밉다와 예쁘다의 경계도 모호하다. 밉다에도 예쁜 동생이 숨어있고 억울함 속에도 들어있다. 김현옥은 아이의 이야기를 끝까지 듣는다. 어른들의 갈등만 힘든 게 아니다. '아, 마음을 읽어주는 것도 업어주는 일이구나.' 마음에 업힌 아이는 김현옥의 중얼거림도 들었을 것이다. 행간에 놓인 은유와 역설이 억울한 눈물을 거둔다.

표제작인「기억 수거함」은 엄마의 소리를 기억하는 글이다. 기억한다는 것은 그립다는 생각이 스며있다. 밥솥 뚜껑의 추가 돌아가는 소리, 바쁘게 움직이던 발소리, 밥 먹으라는 소리, 부르기만 하면 해결되던 엄마의 목소리가 역동逆動으로 흐른다.

역동은 세상 돌아가는 힘이다. 삶을 흔들어 엉뚱한 곳으로 데려갔다가 때가 되면 제자리에 부려놓기도 한다. 세상살이가 순리대로만 계속 흐르면 무력증에 빠진다. 김현옥에게 아픈 기억은 부드러운 바람이다. 물을 흔드는 바람이 없다면 달빛 받은 잔물결을 어찌 볼 수 있겠나.

엄마가 돌아가시고 유품을 정리했다. 몇 안 되는 옷가지와 작은 천 가방, 아껴놓은 새 양말, 염주 팔찌가 나왔다. 차마 버릴 수 없어 가지고 왔다. 가끔 상자를 열어 그 속에 얼굴을 묻

고 희미하게 묻어나는 엄마의 냄새를 맡았다. 슬픔이 도망가
지 못하도록 부둥켜안고 있는 모양새였다.
ㅡ「기억 수거함」 중에서

김현옥은 엄마의 옷을 헌옷 수거함에 넣는다. 옷은 누가 잡
아당기는 듯 빨려든다. '잘했어.' 듣고 싶었던 엄마의 목소리
다. 버리고 싶은 기억도 많다. 내 안을 자세히 들여다보니 상
처는 봇물처럼 터진다. 주고받은 말의 상처나 이별의 아픔은
온전히 살아있다. 아픈 기억은 산화되지 않고 쌓인다. 그 많
은 것이 어디에 숨어있다 봄풀처럼 돋아날까.

그날 우리는 감춰 둔 사연들을 끄집어냈다. 주고받은 말의
상처, 이별의 상처, 가난 때문에 받은 상처들이 가슴마다에 그
대로 쟁여있다 줄줄이 쏟아져 나왔다. 아픔은 아픔대로, 아프
지만 아름다운 기억은 또 그것대로 정리를 했다. 그 외 잡동사
니는 봉투에 넣어 발로 꾹꾹 밟고 테이프로 칭칭 감아 소각장
으로 보냈다.
ㅡ「기억 수거함」 중에서

우리는 진화와 퇴행을 거듭하며 조금씩 나아간다. 물질이
든 생각이든 비슷한 길을 걷는다. 생각의 진화는 새 물결에

합류한 욕망에 제동을 걸어 잠시 물러서는 일에 발을 들여 놓는다. 잊고 잊히는 일도 이와 비슷하다.

우리에게 잊고 싶은 기억을 가두거나 지운다고 내 삶이 행복해질 보장은 없다. 김현옥은 '잊고 싶은 기억들을 넣어버리는 수거함은 없을까. 마음에 남은 상처도 꺼내어 넣으면 쓱, 받아 삼키는 인심 좋은 커다란 통이 있으면 좋겠다.'에 글 힘을 싣는다.

잊고 잊히는 일은 사람과의 관계에서만 오는 것이 아니다. 사물이든 기억이든 그리워 안고 있다가 줄줄이 버려놓고 또 그립다고 말한다. 역설과 반어는 인간사에 자주 끼어든다. 순리를 뛰어넘어 목소리를 더 크게 키우기도 한다. 김현옥은 힘든 어제가 그리워 봉해 둔 기억 수거함을 또 열어 볼지 모른다. 그게 사람 사는 일이기도 하다.

「쓸쓸한 이야기」는 '쓸쓸한 내 이야기 한번 들어 보실래요, 얼마나 쓸쓸한지.' 아니면 '쓸쓸한 이야기, 그 속에 따뜻한 반전도 있어요.'를 상상하게 한다.

김현옥은 기타리스트다. 기타 치며 노래하는 모습은 늘 깊고 평안하다. 그윽한 사람들, '기타쟁이'들이 모인 곳에서 기타로 인연 맺은 쌤 부라의 이야기를 쓸쓸하게, 혹은 잔잔하게 엮어간다. 현실은 내 의지대로 흐르지 않는다. 오히려 현실이

개인을 선택해 끌고 간다. 나도 너도 막다른 골목에 닿으면 비로소 새로운 방법을 모색한다. 그게 어떤 길이든.

쌤 부라는 '메고 온 기타보다 덩치가 작은 남자다. 심각한 얼굴로 들어오지만 장난스럽게 웃는 남자, 소심하게 시작한 노래와 연주는 클라이맥스에 달할 때쯤 공기가 쩌렁쩌렁 울릴 만큼 힘이 있는 남자'다. 기타에 재능이 있는 사람, 욕심이라곤 없어 보이는 그도 욕망에 끌려 큰돈을 벌고 싶었다. 이혼한 아내가 아들 둘을 키우고 있으니 뒷바라지할 일이 얼마나 많았을까. 그걸 채우기 위해 전 재산을 투자했는데 사기꾼에게 걸려 빈손이 된다.

> 장대비가 쏟아지는 어느 날 저녁, 그가 왔다. 여전히 심각한 얼굴을 하고 들어와선 밝게 웃는다. 언제나처럼 기타 연주를 하고 노래를 한다. 한참이 지나도록 꿈적 않고 기타를 연주한다. 그동안 왜 안 왔냐고 아줌마 회원이 묻는다. 대답 없이 연주를 한다.
>
> 반쯤 고개를 숙인 얼굴이 불빛을 받아 반짝 빛난다. 눈물이 콧잔등을 타고 내려온다. 울고 있다. 손은 여전히 기타를 연주한다. 정말 다재다능도 하다. 이유도 모르고 아줌마 회원이 따라 운다.
>
> ―「쓸쓸한 이야기」 중에서

인간에게 욕망은 수도 없이 생성되지만 이룰 수 있는 현실은 욕망 그 너머에 있다. 원하는 것이 이루어지지 않으면 삶에 대한 불안과 좌절이 따른다. 이를 극복하기 위해 쌤 부라는 기타를 연주하며 스스로를 달랬을 것이다. 부자가 되기 위해 사회가 만든 허상에 잠시 한눈 판 대가는 아끼던 기타마저 남겨두고 야반도주로 이어진다. 수필 「쓸쓸한 이야기」엔 깊은 외로움이 가을바람에 떨어진 은행잎만큼 나뒹군다.

> 빚을 받으러 온 사람들이 그를 괴롭히기 시작했다. 견디다 못한 그가 도망을 결심한다. 밤중에 떠나야 한다고 말하며 또 서럽게 운다. 서울에 사는 형님이 빈털터리가 된 동생을 데리러 온단다. 열쇠 놔 둔 곳을 가르쳐주며 짐을 정리해 달라고 부탁을 했다. 한밤중에 고요히 떠났다. 기약도 없다.
> – 「쓸쓸한 이야기」 중에서

쌤 부라에게 현실은 누구에게나 있을 법한 범속한 물줄기다. 그럼에도 내면은 굴곡의 파장으로 단내가 난다. 성공해서 아들과 함께 살고 싶은 꿈은 잠시 멀어졌지만 손때 묻은 기타는 여전히 주인을 기다리고 있다.

김현옥은 그가 살던 집 작은 창의 불빛, 곰팡이 냄새 나는 방에서 들릴 듯한 음성, 영화 '아 엠 쌤'을 보고 있다가 금방이라도 나올 것 같은 분위기에 휩싸인다. 다행히 작가의 시선은 영화 속 '쌤'을 보며 '힘든 현실을 극복하고 있는지 모른다.'로 쓸쓸함에서 벗어날 의식의 탈출구를 찾는다.

4. 닫다, 열린 공간 지향성의 은유로

수필집 『기억 수거함』에 수록한 김현옥의 작품 색깔은 다채롭다. 섬세한 언어에 단어 하나도 정성껏 벼려 제자리에 놓는다. 시간의 흐름에서 비롯된 어려움을 글에 녹여 순기능 은유로 끌고 가는 재주나 얽힌 것을 보듬는 따뜻함도 빼놓을 수 없다.

김현옥 수필 「기억 수거함」에 나타난 역동성도 눈여겨볼 만하다. 세상살이가 순리대로만 흐르면 그냥 잊힌다. 그에게 아픈 기억은 순풍이 아니라 역풍이다. 역풍 속에서 피어난 고요는 더 아름답다. 역풍이 없다면 거센 파도는 영원히 읽어볼 수 없다는 명제를 낳는다.

그의 짧은 수필은 깔끔한 문장으로 서사를 함축한 정갈한 산문시다. 삶과 죽음의 순환, 떠나는 자와 남은 자의 영원한 시간을 통해 당신과 나 사이의 관계망을 압축한 것도 장점이다. 자칫 모순에 부조리한 것 같지만 그 너머엔 진실성이 짙게 깔려있어 진한 감동을 부른다.

김현옥의 은폐된 문장 속엔 잠언이 있다. 빛나는 문장 사이를 드나드는 역설 또한 귀하다. '슬픔은 칡처럼 쓸쓸하다가 씹을수록 단맛이 나는 것'으로, '슬픔은 단맛 나는 칡'으로 은유하여 열린 공간을 지향한다. 앞으로 그의 수필 맥은 역설과 은유를 딛고 더욱 견고해 질 것이다.

김현옥 수필집
기억 수레

2024년 11월 4일 인쇄
2024년 11월 6일 발행

지은이 김현옥
펴낸이 이병우
펴낸곳 육일문화사
주　소 부산광역시 중구 복병산길6번길 11
전　화 (051)441-5164　팩스 (051)442-6160
이 메 일 book61@hanmail.net
출판등록 제1989-000002호

* 이 책의 저작권은 저자에게 있습니다.
* 서면에 의한 저자의 허락 없이 내용의 일부를 인용하거나 발췌하는 것을 금합니다.
* 잘못된 책은 바꿔 드립니다.

ISBN 979-11-91268-65-2 03810
값 15,000원

한국예술인복지재단
Korean Artists Welfare Foundation

* 본 도서는 한국예술인복지재단 〈창작준비금지원사업-창작디딤돌〉으로 지원을 받았습니다.